中国钱币丛书乙种本之七

纸币三百六十行

石长有　陈晓荣　著

中华书局

图书在版编目(CIP)数据

纸币三百六十行/石长有,陈晓荣著. —北京:中华书局,
2015.5
(中国钱币丛书;7.乙种本)
ISBN 978-7-101-10723-4

Ⅰ.纸… Ⅱ.①石…②陈… Ⅲ.纸币-中国-图集
Ⅳ.F822.9-64

中国版本图书馆 CIP 数据核字(2015)第 065145 号

书　　名	纸币三百六十行
著　　者	石长有　陈晓荣
丛 书 名	中国钱币丛书乙种本之七
责任编辑	李广灿
出版发行	中华书局

(北京市丰台区太平桥西里 38 号　100073)
http://www.zhbc.com.cn
E-mail:zhbc@zhbc.com.cn

印　　刷	北京精彩雅恒印刷有限公司
版　　次	2015 年 5 月北京第 1 版
	2015 年 5 月北京第 1 次印刷
规　　格	开本/889×1194 毫米　1/32
	印张 15½　字数 369 千字
印　　数	1-2000 册
国际书号	ISBN 978-7-101-10723-4
定　　价	120.00 元

《中国钱币丛书》编辑缘起

近年来,随着我国钱币收藏、研究活动的日趋繁荣活跃,广大读者对钱币学著作的需要也日益提高。读者既需要高水平的研究著作,也需要深入浅出的普及性读物。为了适应这种形势,中国钱币学会准备编辑一套反映当代钱币学水平的《中国钱币丛书》,中华书局也拟出版面向广大读者的钱币丛书。在这个基础上,双方协议合作,并邀请有关专家,组成编辑委员会,共同编辑出版《中国钱币丛书》,以飨读者。

《中国钱币丛书》分甲种本和乙种本两种:甲种本为高水平的研究著作,力争反映当代钱币学的研究成果。乙种本为高质量的普及性读物,力争融学术性、知识性于一体,深入浅出,雅俗共赏。

《中国钱币丛书》的编辑,尚无经验,在构思选题以及其他方面,必然还会有这样或那样的不足之处。我们诚恳地期望泉界同仁和广大读者的合作与支持,以便能把它办得更好,更能反映当代的学术水平,更能适合广大读者的需要。

《中国钱币丛书》编辑委员会
1993 年 4 月

目 录

前 言.. 1

一、典当、账庄、票号................................ 1

惠和公典.. 2

厚生典.. 3

永福当.. 4

万和玉当行.. 5

公立当局.. 6

贵生质市币.. 7

谦和质当.. 8

瑞成久账庄.. 9

日升昌票号.. 10

郑舜记饷按.. 11

二、钱庄、钱号、钱局、钱店.......................... 12

余丰祥钱庄.. 14

汇兑钱庄.. 15

公济钱庄.. 16

信诚钱号.. 17

公立钱号.. 18

平市钱号.. 19

官银钱号...20

宝兴当钱号...21

铁路银钱号...22

公钱局...23

公立钱局...24

公益钱局...25

镇官钱局...26

平市官钱局...27

友益商钱局...28

通商钱局...29

米商钱局...30

农钱局...31

农民钱局...32

农业钱局...33

商业钱局...34

纸业钱局...35

木业钱局...36

茶业钱局...37

实业钱局...38

交通钱局...39

银钱局...40

聚丰钱店...41

三、银号、银庄、银楼、银局...42

启泰银号...43

五县银号...44

纸币三百六十行

农商银号 45

储蓄银号 46

铁路银号 47

实业银号 48

盐业银号 49

蚕业银号 50

合作银号 51

大丰金银号 52

鋬泉银庄 53

银业办馆 54

通用银券 55

衡斋银楼 56

荣升银局 57

银元局 58

四、银行业 59

实业银行 60

垦业银行 61

懋业银行 62

汇业银行 63

振业银行 64

劝业银行 65

渔业银行 66

矿业银行 67

兴业银行 68

丝茶银行 69

殖边银行 70

铁路银行 71

国宝银行 72

储蓄银行 73

农民银行 74

农工银行 75

储备银行 76

准备银行 77

绥靖银行 78

商民合作银行 79

五、财政部、厅、局、处、所 80

财政部 81

度支部 82

财政厅 83

财政厅筹饷局 84

财政局周行券 85

财政局金融维持券 86

公款局 87

抵押局 88

汇兑局 89

支票局 90

票局 91

铜元局 92

地方经费局 93

税捐总局 94

财政处 · 95

省铁两行联合办事处 · · · · · · · · · · · · · · · 96

县财务处 · 97

市公卖处 · 98

财产管理处 · 99

教育经费处 · 100

公立兑换所 · 101

公共财团 · 102

贷款所 · 103

平民借贷所 · 104

财政出纳股 · 105

六、市、县、区、乡、镇、村、所 · · · · · · · · · · · 106

市政府公益券经理处 · · · · · · · · · · · · · · · 107

九县联合善后筹办处 · · · · · · · · · · · · · · · 108

行署 · 109

县知事公署 · 110

县政府 · 111

第十五专员区田赋流通券 · · · · · · · · · · · 112

特别区地方民众流通券 · · · · · · · · · · · · · 113

第十碉堡区救济委员会 · · · · · · · · · · · · · 114

五镇联合兑换券 · · · · · · · · · · · · · · · · · · 115

三镇联合流通副币 · · · · · · · · · · · · · · · · 116

乡公所 · 117

镇公所 · 118

村公所 · 119

寨公所 ⋯⋯⋯⋯⋯⋯⋯⋯⋯⋯⋯ 120

街公所 ⋯⋯⋯⋯⋯⋯⋯⋯⋯⋯⋯ 121

保长办公处 ⋯⋯⋯⋯⋯⋯⋯⋯⋯ 122

七、公会、商会、公所、委员会 ⋯⋯⋯⋯⋯⋯⋯⋯ 123

义聚公会 ⋯⋯⋯⋯⋯⋯⋯⋯⋯⋯ 124

纸币公会 ⋯⋯⋯⋯⋯⋯⋯⋯⋯⋯ 125

钱业同业公会 ⋯⋯⋯⋯⋯⋯⋯⋯ 126

钱业公会 ⋯⋯⋯⋯⋯⋯⋯⋯⋯⋯ 127

各帮同业公会 ⋯⋯⋯⋯⋯⋯⋯⋯ 128

当商城乡联合会 ⋯⋯⋯⋯⋯⋯⋯ 129

当业同业公会 ⋯⋯⋯⋯⋯⋯⋯⋯ 130

兑换同业公会 ⋯⋯⋯⋯⋯⋯⋯⋯ 131

酒业公会 ⋯⋯⋯⋯⋯⋯⋯⋯⋯⋯ 132

颜料业公会 ⋯⋯⋯⋯⋯⋯⋯⋯⋯ 133

总商会 ⋯⋯⋯⋯⋯⋯⋯⋯⋯⋯⋯ 134

市商会 ⋯⋯⋯⋯⋯⋯⋯⋯⋯⋯⋯ 135

商会筹备处 ⋯⋯⋯⋯⋯⋯⋯⋯⋯ 136

商会临时兑换所 ⋯⋯⋯⋯⋯⋯⋯ 137

商会临时流通券 ⋯⋯⋯⋯⋯⋯⋯ 138

商会临时存票 ⋯⋯⋯⋯⋯⋯⋯⋯ 139

商联会代价券 ⋯⋯⋯⋯⋯⋯⋯⋯ 140

商会质押钱票 ⋯⋯⋯⋯⋯⋯⋯⋯ 141

工商联合会货币兑换券 ⋯⋯⋯⋯ 142

商会赈灾抵产兑换券 ⋯⋯⋯⋯⋯ 143

屠业商会 ⋯⋯⋯⋯⋯⋯⋯⋯⋯⋯ 144

商业协助会 · 145

区商公益会 · 146

经济委员会 · 147

农村经济维持会 · 148

金融救济委员会 · 149

维持金融委员会 · 150

区财委会 · 151

地方财政保管委员会 · 152

石桥基金保管委员会 · 153

商库证发行委员会 · 154

平售米粮委员会 · 155

集场交易维持会 · 156

献机运动委员会 · 157

冬令救济委员会 · 158

地方自治委员会 · 159

农会会费存据 · 160

俭德会 · 161

公民会流通票 · 162

匪灾善后委员会 · 163

农商储蓄公会 · 164

农商合组救济会 · 165

民众储蓄会 · 166

盐业公所 · 167

布业公所 · 168

禁烟公所 · 169

船商公所 · 170

商界代价券 171

商团流通券 172

八、合作社、联合社 173

救济农村合作社 175

农民合作社 176

农商金融合作社 177

农民贷借合作社 178

钱业救济金融合作社 179

农产合作社 180

消费合作社 181

生产消费合作社 182

民生产销合作社 183

产销联合社 184

供销合作社 185

经济合作社联合社 186

庄合作社 187

镇信用合作券 188

村信用合作社 189

营业公社 190

农商救济社 191

九、农林、水利 192

农民流通券 193

救济农村流通券 194

战时农民救济券 195

农民交换有价证券局 ···················· 196

农民临时抵借券 ······················· 197

田赋流通券 ·························· 198

田赋抵纳券 ·························· 199

田赋预借券 ·························· 200

田赋印收 ···························· 201

难民垦植田亩贷款证 ···················· 202

旱灾救济流通券 ······················· 203

水灾协赈会 ·························· 204

赈灾流通券 ·························· 205

水办局支票 ·························· 206

埝堤工总局工资券 ····················· 207

堵口临时流通印收 ····················· 208

汾河第三坝工程救济券 ··················· 209

水机灌田厂 ·························· 210

各村浇地工程救济券 ···················· 211

食粮兑换券 ·························· 212

屯垦督办办事处 ···················· 213

粮谷交易存款证 ···················· 214

利民农林公司 ······················· 215

万利农林场 ·························· 216

自由农场 ···························· 217

兑换土货券 ·························· 218

十、粮油食品 ·························· 219

双裕福粮店 ·························· 220

德昌粮行 221

天升粮栈 222

花粮行 223

复康米号 224

志成米栈 225

三余钱米庄 226

义德油店 227

清和油房 228

茂盛油坊 229

同利成油庄 230

永泰油皮行 231

庆丰盐号 232

醝业公司盐券 233

公益盐局 234

德兴醋店 235

面包公司 236

面粉公司 237

荃香饼家 238

新华挂面店 239

锦泰鱼行 240

松春义酱园 241

乡村便吃坊 242

德记饭店 243

鲜咸鱼业联合办事处 244

双和成食物店 245

福义粟店 246

纸币三百六十行

德隆牛肉庄 247

永兴屠坊 248

四美泰绍酒栈 249

从周烧锅 250

裕兴粉坊 251

冷饮公司 252

德源糟坊 253

人和泉酒庄 254

福祥酒店 255

茶业临时兑换券 256

茶业公司 257

松茂茶楼 258

鸿泉祥茶庄 259

国泰茶室 260

同昌蛋局 261

程顺昌蛋行 262

源生合蛋厂 263

十一、公司、厂矿 264

裕黔公司 265

福裕有限公司 266

民兴股份有限银公司 267

同益贸易公司 268

农业银公司 269

瓷业公司 270

蒙古产业公司 271

纺织公司 272

长途汽车股份有限公司 273

按揭公司 274

远通汇业公司 275

盐垦总公司 276

电汽股份有限公司 277

电灯公司 278

德星聚锑矿公司 279

锡务公司 280

裕成采木公司 281

丹华火柴公司 282

赣兴火柴工厂 283

瑞和建筑公司 284

煤矿股份有限公司 285

益安煤矿公司 286

矿务商局万山厂 287

质地局 288

库玛尔河金矿局 289

宏豫公司采矿厂 290

银矿有限公司 291

福华锰矿公司 292

利民白矿公司 293

西安炭矿株式会社 294

万盛增煤厂 295

汇通铁厂 296

木器制造厂 297

玻璃瓷器工厂 298

电器制造厂 299

大孚橡胶厂 300

长江砖瓦厂 301

全兴窑厂 302

界石场 303

宏顺煤矿 304

康元制罐厂 305

煤矿煤票 306

煤矿经理处 307

醴泉煤店 308

福顺炭庄 309

同丰堆栈 310

十二、交通运输 311

铁路局 312

铁路股份有限公司 313

车路有限公司 314

捷运公司 315

车业有限公司 316

汽车公司 317

公路处河口车场 318

征运局 319

轮运公司 320

商轮公司 321

运输合作券 322

德兴车行 323

朱运隆行 324

商业自行车行 325

德顺车铺 326

庄元利脚力票 327

庄协荣昌杉行脚单 328

三益祥号挑力兑换券 329

庄益民行夫费存单 330

石桥局 331

十三、棉丝、纺织 332

棉业有限公司 333

裕记棉行 334

公聚布庄 335

成德玉布店 336

同人泰布局 337

利生茧行 338

祥集丝厂 339

丝业救济券 340

恒益纱号 341

永盛德绸庄 342

大成制丝所 343

协丰昌绸布庄 344

道生昌绸布号 345

祥云寿绸缎呢绒洋货号 346

锦成织造厂 347

益丰纺织局 348

鲜颐染坊 349

德顺源染厂 350

美利绣花工厂 351

福兴德花边庄 352

新盛和网庄 353

瑞聚丰洋布广货庄 354

义生祥成衣店 355

久成鞋店 356

介休袜厂 357

同兴帽庄 358

华丰源鞋帽店 359

庆茂花店 360

顾裕泰齐记花行 361

恒源茂花厂 362

十四、医药、文教 363

亚东医院 364

卫生医馆兑换券 365

宝山药房 366

福寿堂药栈 367

天生利药局 368

恒兴合药庄 369

敬义药室 370

万国春药号 371

唐拾义良药 372

教育书社 ⋯⋯⋯⋯⋯⋯⋯⋯⋯⋯⋯⋯⋯ 373

正文书局 ⋯⋯⋯⋯⋯⋯⋯⋯⋯⋯⋯⋯⋯ 374

鸿顺书庄 ⋯⋯⋯⋯⋯⋯⋯⋯⋯⋯⋯⋯⋯ 375

老周虎臣笔墨庄 ⋯⋯⋯⋯⋯⋯⋯⋯⋯⋯ 376

蚨聚恒纸局 ⋯⋯⋯⋯⋯⋯⋯⋯⋯⋯⋯⋯ 377

和记纸庄 ⋯⋯⋯⋯⋯⋯⋯⋯⋯⋯⋯⋯⋯ 378

聚兴甡印钱局 ⋯⋯⋯⋯⋯⋯⋯⋯⋯⋯⋯ 379

时务石印局 ⋯⋯⋯⋯⋯⋯⋯⋯⋯⋯⋯⋯ 380

土木工程学院消费合作社 ⋯⋯⋯⋯⋯⋯ 381

大夏杂志公司 ⋯⋯⋯⋯⋯⋯⋯⋯⋯⋯⋯ 382

吉云中学 ⋯⋯⋯⋯⋯⋯⋯⋯⋯⋯⋯⋯⋯ 383

小学书代价券 ⋯⋯⋯⋯⋯⋯⋯⋯⋯⋯⋯ 384

十五、日杂百货 ⋯⋯⋯⋯⋯⋯⋯⋯⋯⋯⋯ 385

公盛炉 ⋯⋯⋯⋯⋯⋯⋯⋯⋯⋯⋯⋯⋯⋯ 386

福和冶坊 ⋯⋯⋯⋯⋯⋯⋯⋯⋯⋯⋯⋯⋯ 387

复盛昌瓷器庄 ⋯⋯⋯⋯⋯⋯⋯⋯⋯⋯⋯ 388

大顺锅坊 ⋯⋯⋯⋯⋯⋯⋯⋯⋯⋯⋯⋯⋯ 389

大中华表行 ⋯⋯⋯⋯⋯⋯⋯⋯⋯⋯⋯⋯ 390

永合生木店 ⋯⋯⋯⋯⋯⋯⋯⋯⋯⋯⋯⋯ 391

永大麻行 ⋯⋯⋯⋯⋯⋯⋯⋯⋯⋯⋯⋯⋯ 392

吉庆堂胶房 ⋯⋯⋯⋯⋯⋯⋯⋯⋯⋯⋯⋯ 393

东盛皮铺 ⋯⋯⋯⋯⋯⋯⋯⋯⋯⋯⋯⋯⋯ 394

源发祥碗店 ⋯⋯⋯⋯⋯⋯⋯⋯⋯⋯⋯⋯ 395

女子商店 ⋯⋯⋯⋯⋯⋯⋯⋯⋯⋯⋯⋯⋯ 396

新生活商店 ⋯⋯⋯⋯⋯⋯⋯⋯⋯⋯⋯⋯ 397

兴记斗店 $\cdots\cdots\cdots\cdots\cdots\cdots\cdots$ 398

海通裕灯罩庄 $\cdots\cdots\cdots\cdots\cdots\cdots$ 399

义利长百货号 $\cdots\cdots\cdots\cdots\cdots\cdots$ 400

华洋百货商店 $\cdots\cdots\cdots\cdots\cdots\cdots$ 401

天瑞祥杂货店 $\cdots\cdots\cdots\cdots\cdots\cdots$ 402

复盛杂货号 $\cdots\cdots\cdots\cdots\cdots\cdots\cdots$ 403

爱华南货号 $\cdots\cdots\cdots\cdots\cdots\cdots\cdots$ 404

南货总号 $\cdots\cdots\cdots\cdots\cdots\cdots\cdots\cdots$ 405

益盛永箱店 $\cdots\cdots\cdots\cdots\cdots\cdots\cdots$ 406

义聚成铁货庄 $\cdots\cdots\cdots\cdots\cdots\cdots$ 407

顺泰五金号 $\cdots\cdots\cdots\cdots\cdots\cdots\cdots$ 408

商号临时流通券 $\cdots\cdots\cdots\cdots\cdots\cdots$ 409

儿童用品供应社 $\cdots\cdots\cdots\cdots\cdots\cdots$ 410

联合商店购货代价券 $\cdots\cdots\cdots\cdots$ 411

和平商号 $\cdots\cdots\cdots\cdots\cdots\cdots\cdots\cdots$ 412

十六、娱乐、服务业 $\cdots\cdots\cdots\cdots\cdots\cdots$ 413

大上海大戏院 $\cdots\cdots\cdots\cdots\cdots\cdots$ 414

新世界乐园 $\cdots\cdots\cdots\cdots\cdots\cdots\cdots$ 415

快乐公司 $\cdots\cdots\cdots\cdots\cdots\cdots\cdots\cdots$ 416

天蟾舞台 $\cdots\cdots\cdots\cdots\cdots\cdots\cdots\cdots$ 417

西商赛马场 $\cdots\cdots\cdots\cdots\cdots\cdots\cdots$ 418

春季赛马引换券 $\cdots\cdots\cdots\cdots\cdots\cdots$ 419

法商赛跑会 $\cdots\cdots\cdots\cdots\cdots\cdots\cdots$ 420

云裳舞厅 $\cdots\cdots\cdots\cdots\cdots\cdots\cdots\cdots$ 421

轿饭钱 $\cdots\cdots\cdots\cdots\cdots\cdots\cdots\cdots\cdots$ 422

理发公司 423

理发美容院 424

金山浴室 425

扬子照相馆 426

佣行找换证 427

庆祝爆庄 428

中国旅行社 429

胡金芳大旅社 430

南洋兄弟烟草股份有限公司 431

福华烟公司 432

英记纸烟庄 433

义成祥泰记烟栈 434

埠丰烟厂 435

十七、军警、民团 436

中华革命军 437

护国军 438

靖国军 439

定滇军 440

国民军 441

军事善后借款券 442

兵差善后流通券 443

警学款联票 444

筹建监狱公益券 445

农民自卫团临时流通券 446

靖卫团 447

衣锦镇团务 448

绅商保安局 449

十八、宗教、帮会、慈善 450

广宗寺 451

松泉寺 452

财神殿 453

南海观音 454

天主堂 455

聚义堂 456

致公总堂 457

钟灵堂 458

保皇总会 459

内地会 460

同学会 461

孤儿院 462

慈幼院 463

前　言

　　中国有句名言叫"三百六十行，行行出状元"，这句谚语可以说是家喻户晓，妇孺皆知。所谓"三百六十行"，是指各行各业的社会工种而言，据徐珂《清稗类钞·农商类》载："三十六行者，种种职业也。就其分工而约计之，曰三十六行；倍之，则为七十二行；十之，则为三百六十行。"可见三百六十行只是一个约数，其实行业何止如此，行内有行，行外有行，有分化，有合并。据齐如山统计，20 世纪 30 年代的北平就有 733 种行业（参见王稼句编著《三百六十行图集》，古吴轩出版社 2009 年，"前记"第 2 页）。

　　本书所讲的"三百六十行"纸币，是指上世纪上半叶由各种机构、团体、厂矿、店铺乃至个人发行的信用纸币。按理说发行纸币应是国家的政府行为，但是在"今天张大帅做主、明天李督军为王"的战乱年代，没有人去相信远在天边的"总统、大帅"，而最相信的却是本村、本镇的大地主与富商大贾，因此民间私钞得以盛行。纵观私钞的发行轨迹，不难看出，每次私票发行的兴盛时期，也正是战后经济拮据之时、国家财政危机之日。如：第一次兴盛时期是第一次鸦片战争失败后，签订南京条约，割让香港、各项赔款 2100 万元之时；第二次兴盛时期正是中日甲午战争失败后，签订马关条约，割地赔款 2 亿两之时；第三次兴盛时期正是辛亥革命后，国内军阀混战，群龙无首之时。由于战争的缘故，大量金银被掠夺一空，国家财政只有靠发行纸币维持，因国家纸币发得太滥而失去信誉，才使地方私钞得以盛行。

　　本书收录 18 大门类 360 多个官私行当发行的钱票、代价券、赠券、找零券等 400 余种。从不同层面解读钱票发行的背景及特点，如：典、当、质、押、按，都属于典当行，但它们之间有什么不同？粮店、粮栈、粮行，都是粮食系统，有什么区别？药房、药栈、药局、药号、药庄、药室，都是医药，它们各有什么特点？等等。

总之，民间钱票浩瀚如海，在发行的兴盛时期，占全国货币流通量的一半以上，在某些地区，起着代理国库的作用。当地百姓流传着"行不行，广兴隆"，"中不中，复盛公"，"掏腰包不用看，就知人和栈"等俗语。更有甚者，叫花子也发行钱票，如湖南平江县长寿街有一处院落叫栖流院，是上百名叫花子聚居地，他们看钱票盛行，且有利可图，便在其头领魏恒卿、吴子生组织下，把平日乞讨来的零星铜板凑合到一起，作为基金，以"吃苦堂"之名，公开发行"五十文、一百文、伍百文、一串文"的钱票，因该票随时有铜元兑现，竟然信誉很高，颇受当地人们欢迎。当时钱票的泛滥程度可见一斑。

关于目录的称谓，原则上与票面保持一致；但有时为了突出行业特色，则不照搬原票称谓，而有所取舍。

钱票作为半封建、半殖民地的旧中国产物，在我国存在了近百年，对它的研究有助于深刻了解我国独特的货币文化和民族经济，有助于了解各行各业经营特点及营销理念，有助于了解博大精深的民俗文化。

本书在编写过程中得到王宣瑞、许义宗、陈耀光、王根堂、曹冲冲、张杰、孙彬等藏友的帮助，在此表示衷心的感谢。

一、典当、账庄、票号

典当是中国封建社会最早形成的民间信用组织,也是长期存在的一种高利贷信用形式。近代的典当通常有典、当、质、按、押五种,它们是以资本大小、取利厚薄、当期长短、纳税多少而区别。民国年间,江苏省政府规定:一等典当资本在 15 万元以上,二等当在 10 万元以上,三等当在 5 万元以上,质店不少于 3 万元,押店资本在几千元至一万元即可。此外还有两种不注册不挂牌的代当、小押店,它们活跃于乡镇与贫穷人家,专做一鞋一袜、一袄一裤的小生意。中国上千年的典当史,足以说明典当业的存在自有它的合理性和必要性。民国后期,典当业由盛而衰,到建国时基本消失。1987 年 12 月新中国第一家典当行—成都"华茂典当服务商行"开办,率先恢复了古老的典当业。

账庄,亦称账局,是雍正年间北方出现的与商业发生借贷关系的金融组织,经营存款、放款、汇兑等业务,主要分布在北京、天津、张家口、太原等地,经营者多为山西商人。咸丰年间北京账局放贷给钱铺及各商铺,以钱票为手段,旋收旋放。各行铺户都藉此为贸易之资。账局各出具钱票来往通行,商民称便。后来规模大者发展成为票号。

票号,又称汇兑庄或票庄,由晋商雷履泰首创的"日升昌"为始。晋商利用遍布全国的商铺,开办了汇兑业务,形成以山西为中心、覆盖全国的商业汇兑网络。票号兼营存放款业务,最初以商号和个人为对象,以内陆商埠为重心。太平天国起义及失败后,票号多为清政府大量汇兑公款,进入发展的黄金时期。清末由于银行的崛起,票号日渐衰落。

惠和公典

　　江西省赣县惠和公典民国二十二年（1933）壹圆券。

　　典是典当中资本最雄厚的,民国年间,一等典当注册资本在 15 万元以上。公典和私典的区别是:公典必须由司署、团体、公益法团经营,注册资金由政府和法团出资,月利不得超过百分之一,当期最短不得少于六个月;私典属个人出资、经营,月利不得超过百分之二,当期最短不得少于十个月。

　　　　　　　　　　　　　　　　　　　　　　　　　　纸币三百六十行

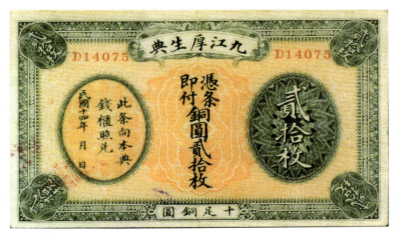

厚生典

　　江西省九江厚生典民国十四年（1925）铜圆贰拾枚。

　　该厚生典是民间私典，凭此条可向该典钱柜照兑铜元。发行目的见背面发行告白："此条系为本典柜临时便利进出手续计，非发行纸币性质，随时请向本典兑换现洋。此条如有扯破、残缺不全及图章笔迹模糊不能辨认者，概行止兑，特此告白。"

永福当

河北省巨鹿县永福当民国十九年（1930）贰角券。

当铺是典当中仅次于典的，开业资本在 10 万元以上，也是典当业中最为常见的一种民间借贷机构。典当行的存在，对于等米下锅的穷苦人而言，只要有物可当，即可救急于一时，甚至生命。因此民国时期典当行打出了"裕国便民"的牌子。

万和玉当行

山西省原平万和玉当行无年号铜元贰拾枚。

当行是当业里的行会组织。该行会由会员大会选举执行委员会，执委会对本会会员的店址迁移、组织变更、经理人更替、资本金额增减、店号更名、营业动态的停止或恢复等有监管责任。会员如遇地痞流氓欺诈或诉讼等事，该会将合力协助，以保障会员的合法利益。

公立当局

　　山西省崞县公立当局民国二十二年（1933）壹圆券。

　　公立典当必须具备以下三种情况之一：一、主管司署经营者；二、自治团体经营者；三、公益法团经营者。资金必须是经营者的动产或不动产、捐助或遗赠的动产或不动产、政府之补助金、借款等。借贷金额最高不得超过五十元，利率最高不得超过月利百分之一，满当期限最短不得少于六个月。

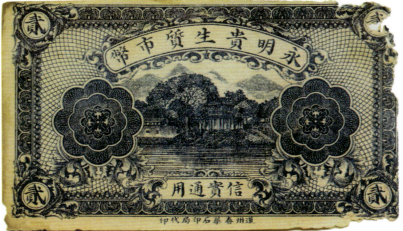

贵生质市币

　　湖南省永明贵生质市币民国十五年（1926）铜元贰伯枚。

　　质在典当行业中仅次于典、当，排在第三位。质押店注册资金在 3 万元左右，经常做一些息薄期短的小市民生意。但如有大宗典当的生意，它就联手典当行一起做。

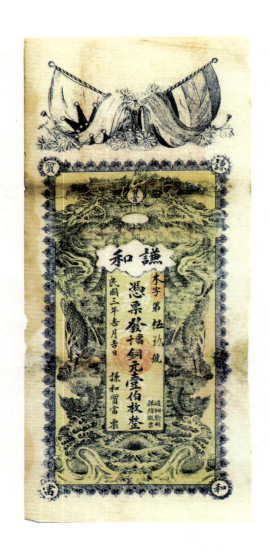

谦和质当

  湖北省通山谦和质当民国三年（1914）当十铜元壹伯枚。

  质和当是同行业对两规模大小不同的称呼，当比质注册资金要大，两者取利薄厚、当期长短、纳税多少都有区别。质、当在一起叫，应该是先开质店，后又增资，达到当铺的规模，又不想失去原来的客户，所以质、当同开。

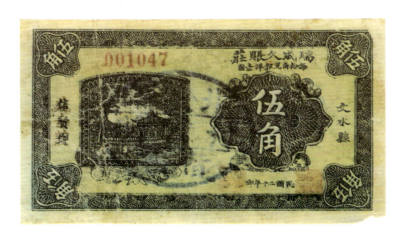

瑞成久账庄

　　山西省文水县瑞成久账庄民国二十年（1931）伍角券。

　　账庄的性质与当铺相似,是我国封建社会民间借贷的信用组织,有的地方叫"印局"或"账局",多为山西人开设。账庄放"印子钱"。在清初,一些无田的农民进入城镇,为了生存,他们就到账庄、印局借印子钱周转。印子钱月息三至六分,是利息很高的一种高利贷形式。城里的贫民为了生存,有的早晨去借一元钱买点香烟、糖果去卖,晚上还给账庄一元二三角,剩下一点钱买点米、面,维持生活。表面看起来账庄是剥削借贷者,但它确也挽救了穷人的生命。

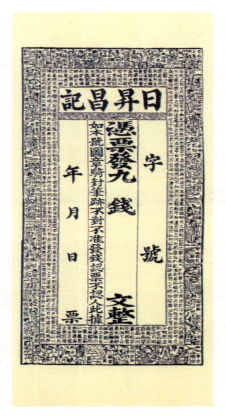

日升昌票号

山西省日升昌无年号九钱券。

山西日升昌的前身是西裕成颜料庄，老号设在山西平遥。晋商行商天下，需要资金大量流动，但当时社会动乱，常有镖局被抢的事件发生。其间有些熟人让帮忙从北京带些银两回平遥，西裕成就给平遥总号写信，让商户到平遥总号提现银，时间长了商户不忍心总给西裕成添麻烦，就提出给点汇兑费，总经理雷履泰看汇兑业务利润颇丰，且当时还没有一家专营汇兑的商号，于是他大胆地向东家李大全建议，将西裕成颜料庄改为经营银两汇兑的票号。于是投资30万两银，于道光三年（1823），成立了我国第一家票号，取名"日升昌"。日升昌不仅为自身发展找到了一条新路，更重要的是为我国的金融事业开创了一个新纪元。

郑舜记饷按

    广东省潮安郑舜记饷按民国时期伍毫券。

    按是典当形式中较小的一种。按是从香港泊来广东，只在广东、香港、澳门使用，与内地的"押"是同等级别。饷按这种小店资本在几千元即可，专做贫穷人家的小生意。

二、钱庄、钱号、钱局、钱店

在中国封建社会和半殖民地半封建社会中，长期存在着多种货币混合流通的现象。元末明初，政府欲专行纸钞，但民间仍是银、钱、钞三品并行，由于私钞庞杂，铜钱轻重不一，银两成色各异，三者之间的比价差异很大，在此情况下就出现了专营银钱兑换的钱桌、钱摊、钱铺、钱店，从钱铺和钱店再发展到钱庄。开始时，许多钱庄并非单纯从事银钱兑换，往往兼营其他业务。如上海钱庄鼻祖是开炭栈兼营银钱兑换，宁波钱业鼻祖是鞋匠，等等。

明末，钱庄已成为一种独立经营的金融组织，不仅经营兑换，还办理放款、两地联号汇兑、发行会票。清初四朝时，钱庄业务愈加活跃，除包揽兑换外，还发行钱票、股票、债券等票券，成为该时期的主要金融机构。到19世纪20年代，在沿海地区，特别是五口通商地，随着外国银行的进入，本国银行的兴起，钱庄的地位渐渐被银行所取代。1933年实行废两改元后，钱庄的银两、银元和兑换业务所剩无几。全国解放后，私人钱业都并入了公私合营银行，钱庄于是寿终正寝。

钱号、钱局有官办、公办和私立之分。官钱号、官钱局，亦称官银钱号、官银钱局，在清代主要是兑换银钱、调节钱价和倾熔银锭，清末民初逐步扩展到经营货币兑换，代理省库，从事存款、放款、汇兑、贴现、购买生金银等业务。公立钱局一般指商会、行业公会、公团设立，并发行在本行业通行通兑的票券，如农业钱局、米商钱局、纸业钱局、木业钱局、茶业钱局等。这些钱局发行的钱票，常以公共财产或商会指定资产作抵押,并作为市面流通纸币。商钱局由商人设立,发行钱票流通市面,并承诺拨兑官票。

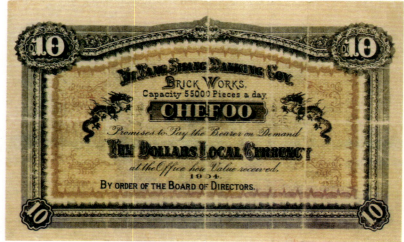

余丰祥钱庄

　　山东省烟台余丰祥钱庄光绪三十年（1904）拾圆券。

　　余丰祥钱庄成立于大清光绪三十年（1904），总号在烟台，在上海等大城市设有分号。该钱庄不但发行钱票、银元票，还兼管砖窑机器厂。早期的钱庄除从事钱庄业务外，还兼做其他项目，如上海钱庄有的兼营米业，又称"钱米店"；有的开烟店，称"烟兑店"等。但是在票面上表明兼营某某项目的还是比较少见的。

汇兑钱庄

  山东省烟台顺泰号汇兑钱庄无年号通用洋员（圆）壹圆券。

  顺泰号汇兑钱庄注册资本银150万两，发行的钱票在胶东数县流通，并代理保管山东盐税。1905年出资10万两，1908年增至20万两，后成为山东官银号在胶东的代理店，经收关税，经办存放款、汇兑、贴现业务，票面告白："本庄兑换各路金钞、金条、金钱银与各国金票、汇票与各客存款、出款，皆可承办。"背面注明该庄汇兑处有上海、香港、仁川、皇城、釜山、旅顺、大连、威海、青岛、九江、福州、天津、神户、横滨、镇口等十五处。经营规模能达到如此地步的只有清代的山西票号相媲美，其他钱庄绝无仅有。

公济钱庄

四川省成都公济钱庄民国时期执照铜元伍百文。

公济钱庄成立于民国十二年（1923），由成都市商会主席朝瑞荣组织发起，发行有壹百文、贰百文、伍百文铜元票。四川省财政厅批准的"钱庄章程"规定，钱庄以兑换为营业，并兼营借贷。章程中加入"以维持军票价格、活动市面金融为宗旨，如遇军票低落、兑现艰滞时，有设法调剂通融提高之义务"。

信诚钱号

　　湖南省洪江信诚钱号民国十九年（1930）壹圆券。

　　洪江以集散桐油、木材、白蜡闻名于世。洪江镇依沅水、巫水而建，西接源自云贵川的水上交通，自古为物资集散地，亦是西南重要的驿站、商埠。信诚钱号是湖南洪江镇洪盛街一家私人开的钱号，以兑换银钱、抵押金饰、买卖生金银与公债为主，有时还做转汇和贴现业务。信诚钱号是当地一家信誉颇佳的钱号。

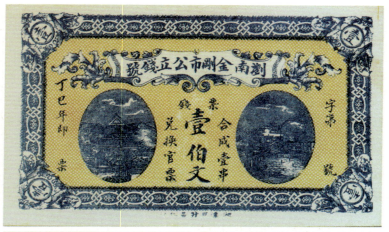

公立钱号

湖南省浏南金刚市公立钱号民国丁巳年（1917）票钱壹伯文。

公立钱号一般是由县以下公共机关及商会、慈善机构设立，所发钱票，可完粮纳税、兑换官票等。金刚市（镇）位于浏阳市最南端，因境内千年古刹唐石霜寺内所塑金刚神像而得名。它处于四通八达的交通要冲，又是两省三市交汇地，各地商品集散于此，贸易十分繁荣。该钱号设于此，主要从事钱币兑换业务，兼营存放款。

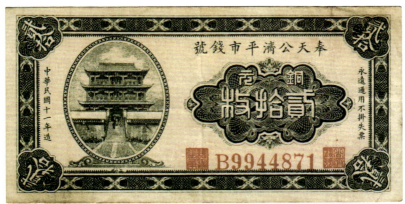

平市钱号

奉天公济平市钱号民国十一年（1922）铜元贰拾枚。

该号从创办到解体三次更名，历经 31 年，原名为奉天公议商局，于光绪二十七年（1901）在奉天大北门里创办，资本为沈平银 10 万两。因受日俄战争影响，经营亏损，几近停业。后由商务总会出资 2 万两，官银号出资 4 万两，于光绪三十二年（1906）元月改名公济钱号，独资经营，专门办理钱币兑换与汇兑业务，并兼管四家当铺。民国三年（1914）由于买卖羌帖（羌帖就是俄国卢布），遭受重大损失，濒临破产。官银号再次出资 10 万两，将公济钱号改组为公济平市钱号，资本增至 100 万元，直到民国二十一年（1932）七月与东三省官银号一起被伪满州中央银行吞并。

官银钱号

吉林省永衡官银钱号民国七年（1918）贰角券。

吉林永衡官银钱号，于宣统元年（1909）八月一日成立，由原吉林官帖局及吉林官钱局合并而成，成立后设立银、钱两柜，原官钱局归银柜，官帖局归钱柜。官银钱号完全是政府手中操纵的金融工具，发钱日增，如滚雪球，而价值日低。伪满洲中央银行成立后对官银钱号的纸币用伪满币"收兑"，从此官银钱号纸币退出了历史舞台。

宝兴当钱号

  辽宁省锦县宝兴当钱号民国六年（1917）伍角券。

  该钱号为当商开设的钱号，只发行角票，用于找零或者流通于本县境内与该号有往来的商号，只换市票，不兑现钱（铜钱），属于不兑现纸币。

铁路银钱号

　　江西省铁路银钱号宣统元年（1909）当十铜元壹百枚。

　　江西铁路银钱号由商部批准设立，开设于九江西门外后街。宣统元年
（1909），仿照本省官银钱号，定章自行印制钱票，用于收存股本银两，发放薪水、
购物买料及发给路工各项生活费用。

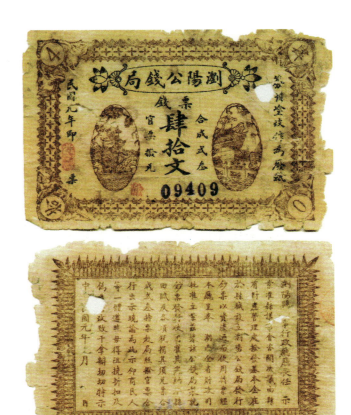

公钱局

湖南省浏阳公钱局民国元年（1912）票钱肆拾文。

该票由县财产管理处发拨基金设立、湖南省财政司批准发行，准以完纳本县田赋及各项税捐。合成贰叁百文可随时兑换官票。背面："浏阳县□事行政厅厅长任示，案准县议事会咨开决议，由县有财产管理处拨发基本金，在于县城设立浏阳公钱局，发行钞票，以资流通，而便周转。业经本厅呈奉，湖南全省财政司批准立案，兹据该公钱局制就钞票发行使用，准以完纳本县田赋及各项税捐，其须兑票，合成贰叁持票赴县，照官票，合行出示晓谕，为此示仰商民人等，一体遵照，毋得阻挠折扣及伪造涂改，致干拿办，切切特示。中华民国元年　月　日。"

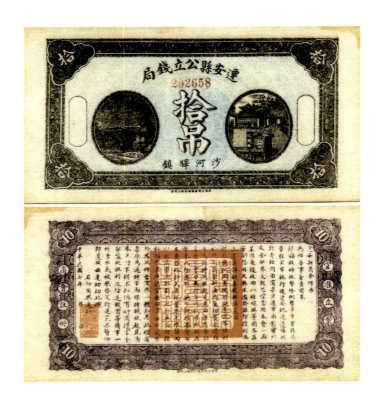

公立钱局

  河北省迁安县公立钱局民国七年（1918）拾吊券。

  该票由迁安县商会呈请财政部发行。钱票背面："迁安县商会布告：为布告事。案查前奉部颁《取缔纸币条例》暨《平市官钱局章程》宣布施行后，迁安地近边陲，现款奇绌，向由商票流通市面，影响所及，金融界大起恐惶，当经本会一再呈准展缓收回，以维现状等因各在案。嗣恐日久弊生，滥发难防，复经再三集议，详拟善后办法呈准财政厅批问。查阅所拟善后各条，对于限制商票办法尚属切实近情。自系为保持现状起见，应由该商会认真考查实力奉行等因，批准照办在案。奉此：除遵照厅令办理各商由本会发行新式纸纸，旧票定限替回，以昭慎重而归划一。此外无论何种私帖滥票，应请官厅照章出示严禁外，为此布告商界，一体知悉。此项商票原为周转市面，保持现状起见，凭券兑付，不折不扣。倘有奸商扰害金融，盘现取利及仿造假冒等情事，一经查出或被举发，定行送究不贷，仰即遵照毋违，切切此布。右仰商界通知。中华民国七年 月 日。"

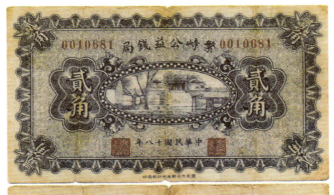

公益钱局

　　山西省繁峙公益钱局民国十八年（1929）贰角券。

　　该票是由山西省繁峙县慈善机构发行，用于筹集善款、救济灾民等公益事业。繁峙公益钱局于1924年建于繁峙县城，由地方乡绅出资垫股，官商合办。1934年由官商抵垫资金，发行兑换券6000元。1935年繁峙公益钱局改称繁峙银号，仍从事存款、放款、兑换、发行等业务，并为县署保管金库。卢沟桥事变前夕，因时局动荡股东抽取资金，钱局倒闭。

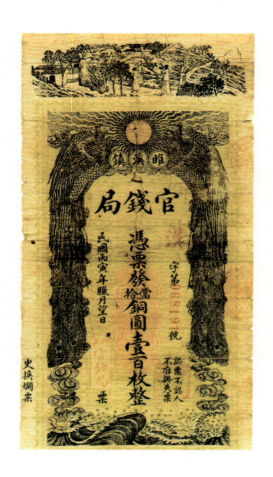

镇官钱局

　　安徽省濉溪镇官钱局民国丙寅年（1926）当拾铜圆壹百枚。

　　濉溪镇位于豫、皖、苏、鲁四省交界处，因濉河水运之便，集市贸易兴盛，酿酒业亦远近闻名。由镇发行官钱局纸币并不多见。该票应由县政府批准，财政部门备案，用本镇不动产作抵押。发行的铜元票，用于完粮纳税、兑换官票等。

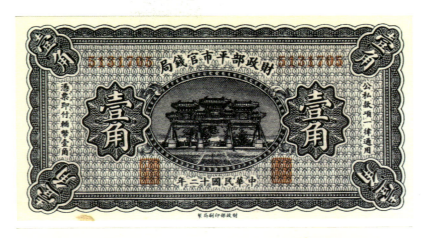

平市官钱局

　　财政部平市官钱局民国十二年（1923）壹角券。

　　北洋军阀统治时期，财政总长熊希龄进行币制改革，全国纸币均由中国银行、交通银行发行，以前各省官钱局所发行纸币一律收回，由此造成市面钱荒。为解决民间银钱周转，政府筹资100万两，开设平市官钱局发行纸币。该纸币印刷精美，不易伪造，凡公私款项一律通用，足以补充市面上制钱、铜元之不足，不久财政部平市官钱局铜元票由中国银行代发行。

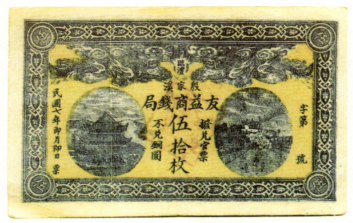

友益商钱局

　　湖南省临澧友益商钱局民国七年（1918）伍拾枚券。

　　友益商钱局位于湖南省临澧殷家溪，所发钱票"拨兑官票，不兑铜圆"。背面发行告示："近因市票壅塞，倒闭无常，商家大受影响。本局刷印壹、贰、叁、伍伯文各小票，作奇零找补之数，以便行使。幸勿故意留难，有碍市政而滞流通。倘有奸徒伪造，一经查出，禀究严惩，决不姑宽。切切特布。中华民国　年　日印。"

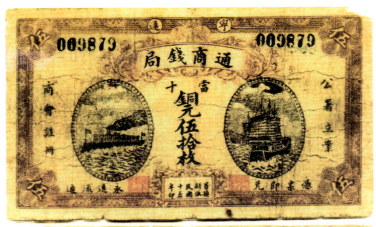

通商钱局

　　湖南省宁远通商钱局民国十五年（1926）当十铜元伍拾枚。

　　该票由宁远公署立案，在商会注册，用于商品交换、兑换铜元，凭票即付，永远流通。

　　宁远在湖南省南部，被中低山环抱，林产丰富，稀有树种有水杉、银杏、香椿等，九嶷山特产湘妃竹久负盛名；矿产资源种类繁多，有铁、锡、钨、铅、锌、锰、水晶石等；水陆交通便利，郴州—道县公路、桂宁公路、永宁公路穿城而过，九嶷河主支流覆盖全境，帆船机船通行无阻。因此，宁远是通商贸易宝地。

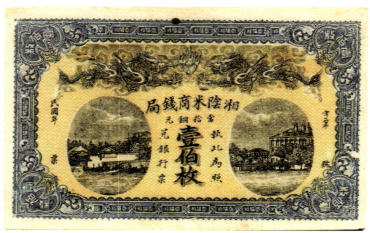

米商钱局

　　湖南省湘阴米商钱局民国时期当拾铜元壹伯枚。

　　该票是商会批准，由米商行业协会发行的铜元票，在湘阴境内可随时购物、纳税、兑银行票，信誉极佳。湘阴地处湖南东北部，因居湘水之阴，故名湘阴。该地湖沼密布，属于亚热带湿润气候区，很适合农作物生长，是湖南省商品粮和水产基地。

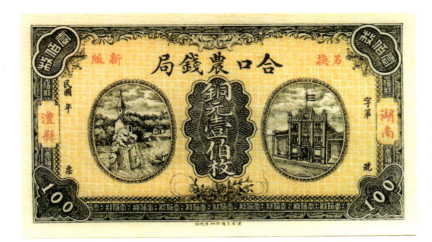

农钱局

　　湖南省合口农钱局民国时期铜元壹伯枚。

　　合口是湖南省澧县的一个镇,属洞庭湖平原,农作物年三熟,主产水稻、棉花,是省商品粮基地。票之背面"驻津常汇兑",是指一水之隔的津市。津市是澧水流域重要物资集散地,在此设农钱局以收购粮食及农业物资。

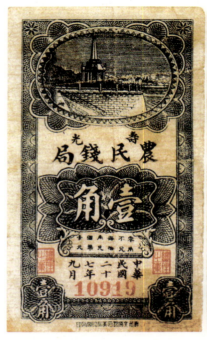
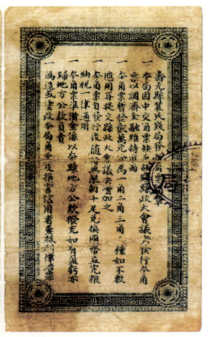

农民钱局

　　山东省寿光农民钱局民国二十七年（1938）辅币券壹角。

　　该券由县政大会议决发行。发行简章："一、本局因中交角票缺乏，故经县政大会议决发行本角票，以调剂金融，维持市面；二、本角票暂发贰万元，分为一角、二角、三角三种。如不敷应用，再提交县政大会议决增加之；三、本角票自发行后，随时无限制十足兑换国币，并完粮纳税一律通用；四、本票准备金系以本县地方公款拨充，如有盈亏，亦归地方公款负责；五、伪造或涂改本局角票及损害信用者，查照刑律治罪。"

农业钱局

　　湖南省浏阳白沙农业钱局民国六年（1917）票钱贰拾文。

　　规定合成数百，拨兑官票，未成百数不得兑换。发行背景："因市面铜元异常缺乏，进出找数周转不灵，爰刷小票以便流通，藉资活泼。此系维持市政而非图利起见，如蒙信用，合成百数觊兑市票，不得诓兑铜元，特白。"

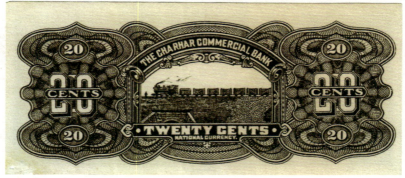

商业钱局

　　察哈尔商业钱局民国二十四年（1935）贰角券。

　　察哈尔商业钱局成立于 1933 年 12 月 10 日，由察哈尔省政府协同察哈尔商会共同开设，资本总额为 50 万元，实际未全部到账。总局设在张家口，在天津、北平、宣化、蔚县、怀来、涿鹿等地设有分局，成立不久便开始发行银元票和铜元票。抗战爆发后，该局于 1937 年 12 月底被伪蒙疆银行吞并。

纸业钱局

　　湖南省宁乡纸业钱局民国时期铜元壹拾枚。

　　该券由商会批准,造纸行业协会出资发行,在宁乡县境内用于收购造纸原料、发放贷款、完粮纳税、拨兑官票等。

木业钱局

湖南省宁乡木业钱局民国七年（1918）铜元伍伯枚。

由商会批准，木业行业协会出资发行，票面额为伍百枚。在宁乡县境内，用于购物、完粮纳税、收购木材等，"凭票即付，执此为照"。

茶业钱局

　　湖南省宁乡茶业钱局民国时期铜元壹拾枚。

　　由商会批准,茶业行业协会出资发行。该票在宁乡县境内,用于收购茶叶、为茶农贷款、完粮纳税、拨兑官商票等。宁乡盛产茶叶,沩山茶以质优著名。

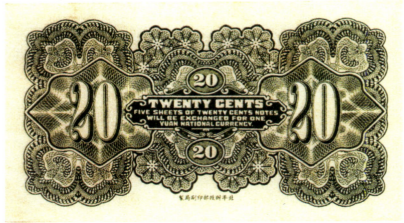

实业钱局

　　河北省新河利新实业钱局民国二十年（1931）贰角券。

　　该钱局位于新河城内，在商会注册，以办实业筹集资金，发放贷款，发行的角票每拾角兑换国币壹圆。利新钱局在经营不利时，转而经营土布。但由于洋布充斥市场，该局土布积压难销，加上货币贬值，随后宣告破产。

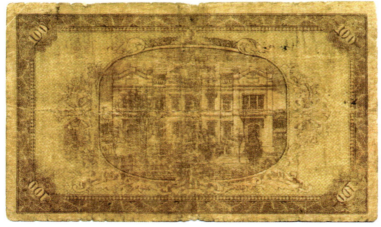

交通钱局

　　湖南省宁远交通钱局民国十四年（1925）铜元壹百枚。

　　该券由商会注册，县政府立案发行。在宁远境内，该钱局以各种交通设施、物质、工具为抵押，发行铜元券，凡购物、完粮纳税，以及拨兑官商款项等，凭票照兑，永远流通。

银钱局

山东省烟台市银钱局民国二十七年（1938）贰角券。

银钱局发行壹角、贰角、壹圆、壹百文、贰百文、肆百文等面值的钱票，该局营业以推行铜元票为主，兼营抵押、贴现、定期放款、各地汇兑、买卖生金银及保管有价证券等。票背面印"完粮纳税一律通用"。

聚丰钱店

北京聚丰钱店无年号铜元贰拾枚。

北京聚丰钱店,位于北京灯市口路北。钱店业务主要有兑换金银、铜钱,活期存款、定期存款、同业存款、信用放款、抵押放款等。

三、银号、银庄、银楼、银局

银号、银庄、银楼和银局，在规模、业务上有所不同。

银号与银庄、钱庄，业务相似，因地域不同而异。如北方京、津、辽、晋、冀、鲁、豫等省多叫银号，广东等地称银庄，长江流域和东南各大商埠称钱庄，湖北、四川、苏北等地叫钱庄或银号。银号的业务通常有三种：一是门市银号，经营银钱兑换，收入贴水；二是驻庄银号，就是派驻外地的单位，经营存放款及汇兑业务；三是普通银号，除经营存放款业务外，还开炉铸银锭、收买生金银等。

民国后期，山西、河北等省的部分县，开设了县银号，这是具有官营性质的金融机构，由官商合办，代理县金库，办理存贷、汇兑，发行县银号券。银号券可完粮纳税、兑换官票，在本县范围内，"公私交易，一律通用"。

银楼，在清代主要是从事金银器加工的店铺，大的银楼还设有工场，经营金银首饰铸造和加工，并兼做金银条块与银元的兑换、鉴定及买卖。到民国时期，有些银楼也从事类似钱庄的业务，如发行银票、银钱兑换等。

银局的名称不常见，与银号业务相似。有些银局也有公营性质。

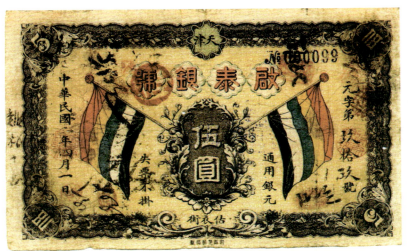

启泰银号

    天津启泰银号民国二年（1913）银元伍圆。

    该票是辛亥革命时期发行的早期银元票，除正面五色旗外，正背面有20余处流通印记，证明该银号信誉极佳。此票认票不认人，失票不挂失。民国初期，在天津市面除了银元、铜元和国家银行纸币流通外，还有信誉较佳的钱庄、银号发行的票券。启泰银号是当时天津七家较大的发行银元票的庄号之一。

五县银号

　　山西省晋高长陵壶五县银号民国三十一年（1942）贰圆券。

　　该券是由晋城、高平、长治、陵川、壶关五县民国政府联合发行的兑换券，这种纸币以土地为担保，变不动产为动产，人民完粮纳税等交易都可使用。

农商银号

　　山东省堂邑县梁水镇农商银号民国三十年（1941）伍角券。

　　该券由梁水镇商会主持发行，贷给农民用来购买种子、农具等物资，农民秋后可用粮食抵欠款。缴纳其他公私款项，一律通用。

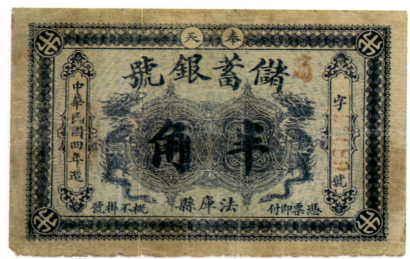

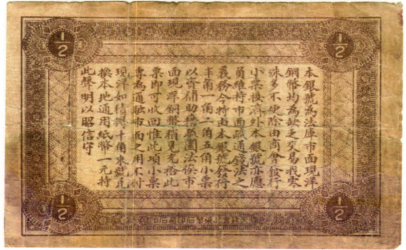

储蓄银号

　　奉天（辽宁）法库县储蓄银号民国四年（1915）半角券。

　　储蓄银号以办理储蓄业务为主，还经营定活抵押放款、基金债票购入抵押、生金银及货单抵押、保管公款及慈善事业基金等。

铁路银号

　　晋绥地方铁路银号民国二十三年（1934）伍圆券。

　　该银号总号设于太原，山西省公营事业董事会直属领导，资本金500万元。该银号以发展地方铁路及扶助有关铁路建设事业为宗旨。经营范围：一、经营晋绥两省（即山西省、绥远省）地方所有铁路之金库；二、办理晋绥两省地方所有铁路之特别会计；三、晋绥两省地方所有铁路之储蓄。

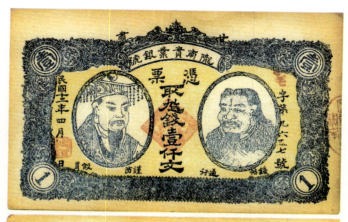

实业银号

  甘肃省陇南实业银号民国十二年（1923）壹仟文券。

  1920 年，孔繁锦为陇南镇守使，管辖陇南十四县。当时军阀混战，陇南各县经济凋敝，钱荒严重。孔繁锦既设厂铸造铜元，又多次发行纸币。1921 年，成立陇南镇守使署粮饷局，发行临时兑换券，回收群众的白银和制钱，毁之以铸铜元。大量纸币投放市场，致使物价飞涨，群众受害无穷。1923 年，孔繁锦在甘肃天水设立陇南实业银号，为了垄断陇南经济命脉，发行壹仟文、贰仟文、叁仟文制钱票三种，壹圆、伍圆、拾圆银元票三种。后孔繁锦被甘肃督军刘郁芬逐出陇南，陇南实业银号纸币随即作废。

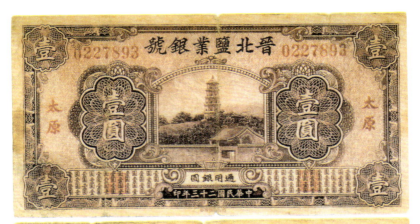

盐业银号

　　山西省晋北盐业银号民国二十三年（1934）壹圆券。

　　1935 年阎锡山设立晋北盐业银号，与绥西垦业银号、晋绥地方铁路银号、山西省银行并称为山西四银行号，垄断山西金融业，大量发行纸币。徐吉午为总经理，总号设在岱县，分号设于太原，为山西省公营事业董事会经营。除经营盐业外，兼办汇兑、存款及"扶助各项公营事业"，并发行兑换券。发行区域以晋北朔县、应县、山阴、怀仁等盐区为限，兑换券"用以活动调剂盐业金融外，并可完纳一切赋税"。1937 年倒闭。

蚕业银号

　　河南省潢川蚕业银号民国十七年（1928）壹角券。

　　潢川地处中原，盛产粮食、棉花，但丝纺品非常缺乏。为鼓励农民种桑养蚕，潢川蚕业公会组织成立蚕业银号，为养蚕的农民提供贷款以购置用具，待秋收后以蚕丝还贷款，以促进蚕业发展。

合作银号

　　北京南苑商民合作银号民国十八年（1929）伍拾枚券。

　　该银号位于北京南苑，由商民集资创办，以入股的方式募集资金，到年底或者账期，参与分红或返还本金。

大丰金银号

　　澳门大丰金银号葡币伍拾员（圆）。

　　大丰金银号位于澳门新马路，主要业务：兑换钱币、铸造及鉴定金银及珠宝等。经理陆昌，发券人谭成。礼券条例如下：一、此券可随时到本行兑换货品，不得兑回现款及外币；二、此券不记挂失，认券不认人，凭券取货，遗失自负；三、此券需有本行经理人盖章方为有效；四、此券若有假冒及涂改字迹者，得将券扣留追究。

鋆泉银庄

  广东省汕头鋆泉银庄民国三年（1914）银票壹员（圆）。

  票面规定："凭票取柒兑银壹元正（整），认票不认人，贵客自慎重。"该票与北方的银号发行银钱票相似，但北方铜元、制钱更普遍，南方银元支付更常见。南方银庄所出银票是市场上主要的流通支付工具。

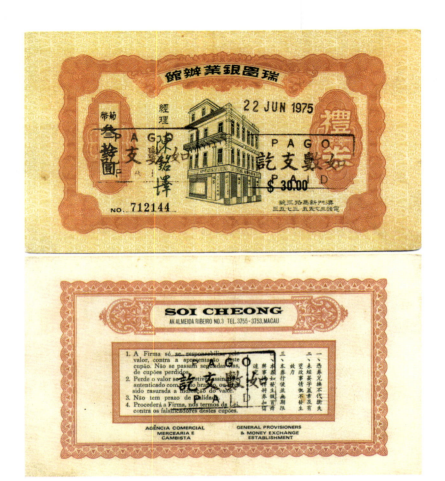

银业办馆

澳门瑞昌银业办馆礼券葡币叁拾圆。

该馆位于澳门新马路三号，经理陈铭泽。礼券背面说明："一、凭券兑换，不代挂失；二、未经签字盖章及有涂改事情，概不发生效力；三、本券行使并无期限；四、本券如发生假冒舞弊事情，得将券扣留追究。"

通用银券

新疆阿尔泰通用银券民国七年（1918）伍圆券。

该券系民国时期阿尔泰办事长官公署自行印发的一种期票（临时钞券），可用于兑换中央拨来作为协饷经费的现钞。民国初年，设阿尔泰办事长官，直属中央政府管辖，协饷经费由中央按月拨解2万元（以中国银行和交通银行钞票为主）。但由于其常不能按期拨到，故阿尔泰办事长官公署遂按每月中央拨解2万元之数，发行通用银券（临时兑换券），先行通行阿尔泰地区，待协饷拨到后凭此券兑换。民国六年（1917），北京国库支绌，积欠阿尔泰经费甚多，阿尔泰银券也越发越多而不能兑现。至民国八年（1919），因欠饷甚巨，终致驻军军队哗变。后经新疆省以省票7钱收兑阿尔泰银券1元之比价全部收回，事件始告平息。

衡斋银楼

　　山东省文登县衡斋银楼民国时期贰角券。

　　该券"每拾角兑换通用洋壹元"。票背面有"认票不认人,留心仔细看","灯下不付,源远流长"等。银楼除发行钱票外,还经营生金银条块、银元买卖,鉴定金银、银元和各金属货币的成色、重量、真假及价格。大的银楼还设有工厂,从事铸造和买卖金银首饰制品。

荣升银局

　　河北省河间城南北皇亲庄荣升银局民国时期钱票叁吊整。

　　银局和银号的业务相差不大,除代客兑换银钱、办理存放款、发行银钱票外,最大的区别就是银局收生金银,兼营银炉,代客铸造五十两左右的宝银。银局铸成宝银后,还在上面铸上银局名称、工匠名等。

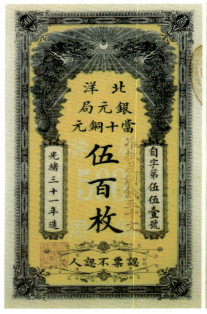
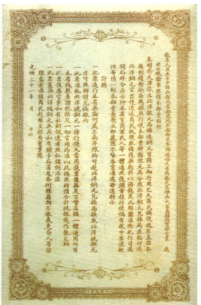

银元局

天津北洋银元局光绪三十一年（1905）当十铜元伍百枚。

1902 年袁世凯命周学熙于天津设立北洋银元局，整顿金融，统一币制。"北洋银元局铸造银元，质精工细，行用已久，商民称便。现在直隶各属制钱愈缺，亟应推广行使铜元官票，使远近商民，既便取携，复无亏折，以济钱荒，并维圜法"。"一、此票通行本省，无论何处，不拘年限，均可赴北洋铜元兑换局，换取北洋现铜元，亦可照牌价兑换银两；二、此票准抵北洋现铜元，一律行使。凡当商、钱业、盐务及百货店铺，一体通用，所有本省钱粮、厘课、税捐及一切官项，均准以此按照时价合计现银钱作数交纳；三、此票系属官票，如有私刻假造者，照私铸例治罪；四、此票实与北洋现铜元无异，如有关卡局署及各州县藉词不收，或吏胥人等留难需索，准该商民赴辕呈控，查实重惩。光绪三十一年　　月　　日示"。

四、银行业

自清光绪二十二年（1896）十月创立中国通商银行以来，到民国二十三年（1934），共设立新式银行334家，其间因各种原因停业的有188家，还剩146家。这146家中，商业银行最多，有76家，其次是省立银行15家，农工银行13家，专业银行13家，华侨银行10家，其他的19家。这146家银行，总行分布在全国30个省市，分支行达892个。总行、分行总数达1038个。由此可见，当时中国经济之繁荣。

我们这里讲的银行业，主要是指专业银行，如垦业、渔业、矿业、丝茶、储蓄等银行。各银行除正常的银行业务外，还存在着各自的特点。就银行创办者而言，有官办、商办及中外合办等形式。如广西农民银行、北平农工银行等属于地方官办性质；中央储备银行、中国联合准备银行属于日伪政府创办的；中华懋业银行、中华汇业银行、中法振业银行等是中外合办性质。由于创办者的不同，其业务、性质及影响就大相径庭。

实业银行

中国实业银行民国十一年（1922）壹百圆券。

1915 年 9 月，李士伟、周学熙等实业界人士筹办民国实业银行。1919 年 12 月改名中国实业银行，总行设于天津。1932 年 4 月迁到上海，注册资本 75 万元，系官督商办。1937 年增加官股，成为官商合办银行。主要业务有：一、收受各项存款、发行期票；二、办理汇兑及货物押汇、商业票据贴现；三、担保抵押及各项放款；四、买卖生金银及各国货币公债证券；五、保管票据、契约、证券及其他贵重物品；六、代理公共机关及实业团体发行债票、经理还本付息；七、代理交易银行、公司、商号及个人收取各种票据之款项；八、兼营储蓄等业务。

垦业银行

　　中国垦业银行民国二十年（1931）伍圆券。

　　1926年4月成立于天津，奉政府特许发行兑换券，办理普通银行一切业务。但初期经营惨淡，发展停滞。秦润卿、王伯元等接收垦业银行后，于1929年3月将总行迁至上海，各项业务发展迅速，该行跻身民国时期八大商业银行之列。发行大量有价证券和期票来筹集资金，用于扶植垦业的发展。1931年设立地产部，经营房地产抵押放款。随着实力的增强，在经济繁荣和交通发达的地方，增设分支机构。到抗战前夕，在上海、天津、北平、宁波、余姚、南京等11处设立分支行或办事处。其纸币流通范围扩展至长江中下游和华北地区。为保证纸币信誉，该行每月公开检查发行准备金。附设储蓄部，独立经营，开展多种形式存款，提高存款总额。注重与同行业合作，开展对政府的放款活动，并参与了金融界的国货运动。

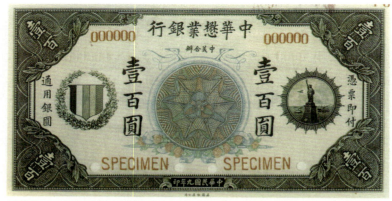

懋业银行

　　中华懋业银行民国八年（1919）壹百圆券。

　　中华懋业银行是中美两国商人共同开办的一家合资银行，发起人有上海商会会长朱葆三、中国银行总裁徐恩元、北洋政府总理钱能训等。以中华全国烟酒税和盐税为抵押，向美国贷款中国银元3000万元，约定20年还清，其中以借款三成为银行官股，私股出资的多为军阀、政客及社会名流。除经营一般商业银行业务外，还享有发行钞票特权，尤其在对美贸易款项之收付及票据承兑方面营业能力甚强。1929年4月汉口分行因招桂系军阀股金，被政府勒令停业，部分股金充公，各地分行营业大受影响，同年11月，财政部为清理业务成立总行清理处，次年总分行正式宣告停业。

汇业银行

中华汇业银行民国九年（1920）壹百圆券。

中日合办中华汇业银行成立于1918年2月，以增进国际贸易，便利中日两国汇兑为宗旨。总行设于北京，分行设于上海、天津、奉天等地。该行以汇兑业务为主，还收售国外汇票、代客承付国内外信汇及保证、应付利息及未到期贴现等业务。

振业银行

　　中法振业银行民国十二年（1923）拾圆券。

　　该行由中法合资兴办，以便利中法贸易、振兴中法商业为宗旨。总行设在北京，分行设在上海等地。股本主要来自中法两国商人，属于中等规模的商业银行。主要业务除了存、放款及储蓄外，还代客保管有价证券、中外货币、珍宝物品、重要契约等业务。

劝业银行

　　劝业银行民国十年（1921）壹百圆券。

　　劝业银行由农商部、财政部筹设，于1920年3月成立。总行设于北京，在上海、天津、宁波设立分行，董事长潘复，行长张寿镛。该行除发行纸币外，还发行劝业债券，用于筹集资金发展农商。

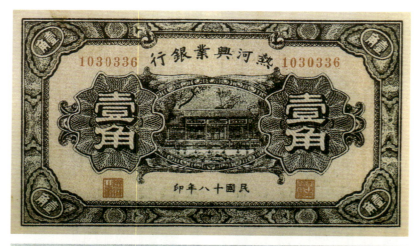

兴业银行

热河兴业银行民国十八年（1929）壹角券。

热河兴业银行于1917年8月由热河官银号和热河公益钱局合并改组成立，总行设于承德。12月随着中国银行、交通银行宣布停止兑现，两行纸币价值暴跌，热河经济陷入混乱，工商业停滞。热河兴业银行钞票逐步取代中、交行纸币，在热河市面流通。1933年，日军入侵热河，银行业务由满州中央银行的承德支店取代。

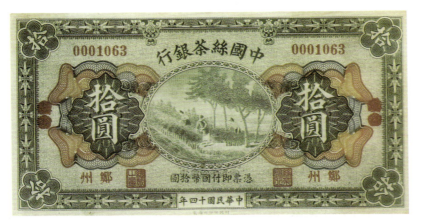

丝茶银行

中国丝茶银行民国十四年（1925）拾圆券。

中国丝茶银行是一家以发展茶叶、丝绸为宗旨的专业性商业银行。总部设于天津，其货币流通于华北地区。由天津巨商张子青等筹设，1926 年开业，属于股份公司性质。经政府特许有纸币发行权。该行发行的纸币图案均为采茶与抽丝。

殖边银行

　　殖边银行民国五年（1916）肆角券。

　　殖边银行由徐绍桢等筹设，是一家以"辅助政府调剂边疆金融，贷款于沿边实业"为宗旨的股份制银行。1914年11月开业，总行在北京，分行设在上海、天津、汉口、济南、太原、兰州、哈尔滨、多伦等地。1924年改名边业银行，1925年停业。

铁路银行

云南省个碧铁路银行民国十六年（1927）贰拾圆券。

云南省个碧铁路银行成立于1918年8月，到1927年先后发行个碧铁路银行兑换券多种，流通于滇省迤南一带。云南个旧盛产大锡，自1910年滇越铁路通车后，法商利用该铁路获得垄断云锡出口权利。为抵制法商对云锡运输的垄断，迤南一带绅商集资成立个碧铁路公司，筹备修筑从个旧至碧色寨的铁路，以解决云锡外运困难的问题。公司为调剂铁路运输工程款项，设立了个碧铁路银行，为公司调剂工程款项。

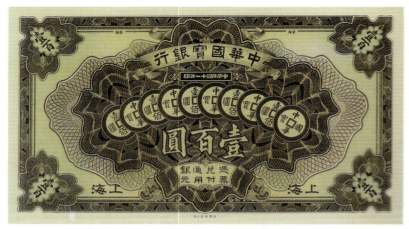

国宝银行

中华国宝银行民国十一年（1922）壹百圆券。

中华国宝银行创办于 1920 年，由海外华侨和国内商人合办，资本总额 100 万英镑，实收三分之一。总行设于香港，1921 年在上海设分行。业务主要为国内外汇兑押款、贴现等，兼办储蓄。1923 年 2 月停业。

储蓄银行

信义储蓄银行光绪三十四年（1908）伍元（圆）。

信义储蓄银行成立于 1906 年，经营商业、储蓄业务。创办人为镇江尹寿人，总行设在镇江。背面文字："信义储蓄银行浅说：什么叫个储蓄银行呢？比方女人家来个会，零碎钱聚成起当钱，但是来会的，先把会头一份白大钱，到了会头坏了事，大家的本本利利都没有了。若是放在银行里，银行不要你一个白大钱，银行资本数十万，在度支部、商部立了案，永远不得坏事的。银行好处说不尽。无论男妇老少穷和富，只要把随手零钱望银行里头放，到了用着他的时候，到银行里头随便付出来，就成了一笔起当钱。生意人有生意的时候，少叫两个局，少打两场牌，每月存起几块钱在银行，到了闲起来的时候付出来，也就在外不愁没事做，在家不听上人骂，不受老婆的气了。手艺人少掷两把色（骰）子，少吃两口烟，每月存起三两块，到了十几二十年，银行把你一千几百块，就是个挑脚的、抬轿的、剃头修脚的，也就可以改个行当儿，做个老班了。储蓄的好处，实在说不尽。为父母的，若是怕着儿大没钱娶媳妇，女儿大了没钱把人家（嫁），就代他每月存一两块在银行，到了嫁娶的时候，就有银行一律代他包办了。老人家怕着死后没有棺材本儿，又怕着子孙没得靠，更是要赶紧在银行里，每年每月存几块，就有银行代你忙了你的生养死葬，连你子孙的饭碗，都代你安排好了。诸位听我言，勿错过。"

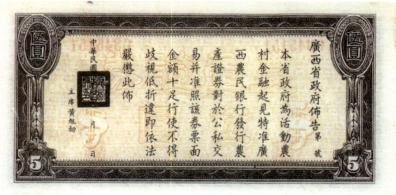

农民银行

广西农民银行民国二十七年（1938）农产证券伍圆。

背面文字："广西省政府布告（第　号）：本省政府为活动农村金融起见，特准广西农民银行发行农产证券，对于公私交易并准照该券票面金额，十足行使，不得歧视低折，违即依法严惩。此布。中华民国　年　月　日（广西省政府印）。主席黄旭初。"

1937年广西银行将原农村经济部划出，成立广西农民银行。由于资金困难，上报省政府，计划发行"农产证券"，以小洋为单位，面额为壹圆、伍圆两种，共计金额1000万元，以广西农民银行所存稻谷为发行准备，持券人随时可以向银行要求以稻谷兑现。

农工银行

　　北平农工银行民国二十四年（1935）肆拾枚券。

　　1935 年 9 月由原北洋政府试办的昌平农工银行和通县农工银行合并，由政府改为北平农工银行，专发铜元票，以救市面铜元之不足，解连年欠收财政困难，扶助农工生产生活。该券流通于北平、天津、保定等地，抗战爆发后该行停业。

储备银行

　　中央储备银行民国二十九年（1940）壹圆券。

　　中央储备银行是日本帝国主义在侵占我国、扶植汉奸控制金融和经济时筹建的金融机构，其发行的货币主要在日军占领地区使用。伪财政部长周佛海兼银行总裁。资本1亿元，享有以下特权：一、发行本位币及辅币之兑换券；二、经理政府所铸本位币及辅币；三、经理国库；四、承募内外债，并经理其还本付息事宜。其发行的中储券，直接导致中国四大行发行的法币贬值，持有者只能按2:1的比率兑换中储券，从而使日本帝国主义达到了短期内在华中、华东等沦陷区控制中国金融的目的。

准备银行

    中国联合准备银行民国时期伍圆券。

    1937年"七七"事变后,日本帝国主义在北京成立伪华北临时政府。1938年设立中国联合准备银行,总行设在北京东交民巷30号。第一任总裁汪时璟。资本总额5000万元,分为50万股,伪政府认购一半,其余由中国八家银行认购。到1939年2月,中国各银行的纸币,在市场上只能以六折流通。伪政府采取这种贬值兑换方法,以促进中联券早日统一华北地区。

绥靖银行

　　豫章山区绥靖银行民国三十八年（1949）伍角券。

　　豫章山区绥靖银行银元券，是国民党军队崩溃之时在江西省境内发行的最后一种军用钞票。该券于1949年5月发行，8月停止使用。1949年3月，白崇禧、何应钦到江西赣南宁都县翠微峰，授意宁都县县长黄镇中组织5000人枪，凭借金精洞天险，构筑工事，负隅顽抗。为筹集军费，成立豫章山区绥靖银行，曾秋桂任行长，辖广昌、石城、兴国、瑞金、于都、会昌等6县支行，并以全区各县田赋及税收代征、地主富豪捐赠为本金，强占江西省银行宁都分行的一切固定资金和资产，发行"豫章山区绥靖银行"银元券。面值有伍角和壹角，强行流通使用。

商民合作银行

湖北省天门商民合作银行民国时期临时流通券拾串。

天门商民合作银行是由天门县商民协会"为谋公共利益、便利全县金融"而募集股本组建的民间股份制银行,"因铜元缺乏,不便周转,暂发临时流通券辅助现金",以促进地方经济的发展,"一俟铜元充足,即行收回"。

五、财政部、厅、局、处、所

民国时期，度支部（财政部）、省财政厅、县财政局、公款局、教育局、抵押局、市公卖处、市财产管理处以及公立兑换所等，都曾发行流通券、兑换券等票卷。

财政部发钞目的是整顿金融秩序，满足财政需求；地方政府发钞目的是"维持市面，以便找零"，"奏（凑）足十元，始准兑换"。这类钞票的偿付能力为"交粮纳税，一律通用"。其实，所有地方行政、财政、地税等部门纷纷假托各种名目，极尽剥削之能事。

民国初年财政部发行的特别流通券，发行有度，兑现有期，基金有靠，利息分明。但到省厅发行时，基金或以各项税捐收入拨充，或直接分摊给各县商会筹集。因发行过度，不能收回的很多，甚至造成货币贬值，形同废纸。县财政部门所发行的兑换券、维持券、周行券、汇兑券等，规定强制流通市面，用于一切交易，虽有"以全县地亩担保"，但此等纸币，造成百姓"手持一张纸，失去万担粮"，十足为一种剥削券。此种票券流通范围仅限各自行政管辖区域内，如县财政局流通券只在该县内流通。此外，福建省的"汇兑局"并非政府部门，而是民间金融机构，主要从事侨汇业务，兼营存款、放款等的金融事业。

财政部

　　财政部特别流通券民国十二年（1923）伍圆券。

　　背面说明："财政部特别流通券发行办法：一、本券发行总额三百万元，分一元、五元、十元三种。二、本券兑现期间自民国十二年七月十五日起，每月兑现三十万元，十个月兑完；三、本券兑现基金及利息，每月由盐余项下于原拨短期有利兑换券及有利流通券基金外，如数加拨；四、本券利息按月一分，自发行之日起算，于兑现时一并发给；五、本券与国币一律通用，北京各铁路局、电报局、崇文门左右翼各税局、各烟酒局、各印花税处，均一律搭收五成；六、本券兑现付息由财政部委托平市官钱局办理；七、本券兑现付息及保管基金事宜，由盐务署会同步军统领衙门、京师警察厅、京师总商会组织董事会，监视办理。"

度支部

中华民国度支部兑换券壹圆。

券面文字："此票在度支部委权之银行、银号支取现银,准完纳丁漕厘税,一切官款。""凭票即付银币壹圆,全国通用。"据记载,兑换券是自辛亥革命后期至中华民国元年发行的。自武昌起义至民国成立,各地金融恐慌,社会秩序混乱,南京临时政府百废待兴,需款甚多。财政总长陈锦涛向上海华比银行借款 100 万英镑,同时筹备发行三种临时性纸币,其中就有"中华民国度支部兑换券"壹圆、伍圆、拾圆三种。后因度支部是清朝旧部名称,故此币未曾发行使用,后改发中国银行黄帝像兑换券。

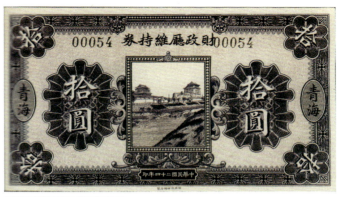

财政厅

青海省财政厅民国二十四年（1935）维持券拾圆。

民国初年，青海建省，因境内无省级金融机构，初期使用甘肃纸币。1931年，马麟任省主席，鉴于省内无金融机构、财政混乱、市面货币缺乏、交易困难等，经省务会议决定在省财政厅下设立青海省金库，发行限额纸币200万元，准备金分摊各县商会筹集，但实际仅筹得30万元。该券正背面均盖有红色的"青海省财政厅印"大方章（本文所用票为样票，票面无大方章，流通票均有加盖）。此钞系由当地石印，目前存世罕见。维持券发行初期，信用尚佳，与银元等值，并准十足兑现。1934年后，物价飞涨，该券大幅贬值。1935年，马麟提出整顿省钞之法，责令青海省金库以银元收兑财政厅维持券，以省钞壹圆兑换银元贰角，很快又宣布停止收兑，省钞遂废止。

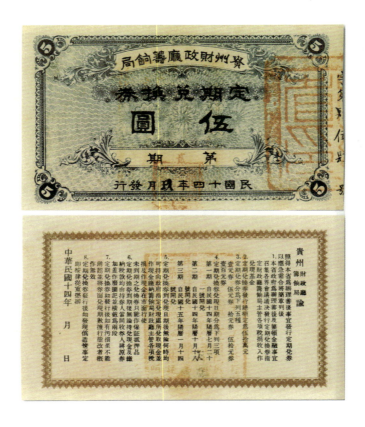

财政厅筹饷局

贵州省财政厅筹饷局民国十四年（1925）伍圆券。

1925年1月24日，彭汉章出任贵州省长，覃梦松任财政厅长。因战乱，经费不足，覃建议发行定期兑换券。同年2月18日，由彭汉章主持召集绅商各界开会，决定由财政厅筹饷局主管各项税捐收入拨充兑换基金，发行兑换券50万元。同年5月，又由军政联席会议决定续发50万元。定期兑换券共列简章八条，除说明发行缘由、基金来源、主管机构、总发行额外，简章还规定兑换券到期后，可向指定交换处兑取现金，也可作现金缴纳税捐或在市面行使，未到期的只能用作保证抵押品。事实上，发行兑换券只是一项解除财政危机的强制手段。发行的兑换券，除商民搭成缴纳财政税款外，现金收回的只占1%，其余部分不能兑现，又不能在市场流通，也不能抵缴税捐，遂成为一堆废纸。

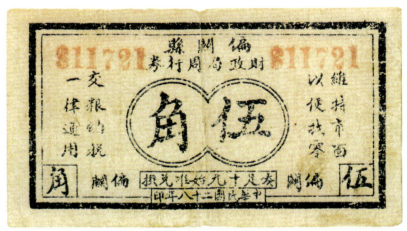

财政局周行券

　　山西省偏关县财政局民国二十八年（1939）周行券伍角。

　　该券发行目的是"维持市面，以便找零"，偿付能力为"交粮纳税，一律通用"。流通范围在偏关县境内。"奏（凑）足十元，始准兑换"。偏关为内长城外三关中最西一关，与宁武关、雁门关合称"外三关"。宋时杨六郎（延昭）威镇三关就在这里，边关城为明洪武二十三年（1390）改建，边墙达二百多里，为省级重点文物保护单位。

财政局金融维持券

　　山西省交城县财政局民国二十六年（1937）金融维持券伍角。

　　交城县财政局以补助交城财政、维持地方金融为目的，发行此券，并以"全县地亩担保"作为发行准备。交城县位于太原西南 80 华里，地处汾河盆地之北，为高原地形。此地主要产业为羊毛及羊皮加工，其原料主要由西边石楼、永和等县运来，年产量极高。该地区盛产骏枣、梨枣，不仅产量大，价格也很低，因此交城一带可称为葡萄产地中心，也是金融活跃中心。

公款局

　　山西省定襄县公款局民国十七年（1928）兑换券叁角。

　　该券声称发行目的为补充市面辅币之不足，注明"每拾角兑国币壹圆"。民国初年，各县设立公款局，有的专司土地公款，有的兼管民政事务，其职能相当于财政局。因其掌握地方财政收支，便成为地方权绅争夺的目标——或以金钱贿买，或靠党部特权，或依强力霸占，或靠拉帮结派。夺得财权后，巧立各种名目，剥削广大民众。在兵匪荒旱等重灾时，公款局派收各种税费款项，以兑换券为收条，承诺"抵交田赋等税款"，但权绅富商趁机廉价购得收条，顶自己的全部负担，而百姓的税负依然沉重。

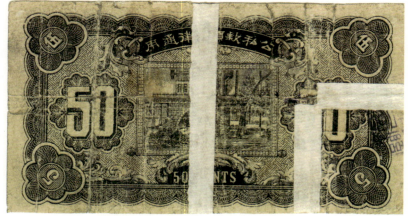

抵押局

　　山西省五台县抵押局民国二十五年（1936）兑换券伍角。

　　五台县抵押局属于官办典当业，由于资金不足，周转困难，只能搞抵押业务。抵押局可进行大型农具和农用物资抵押，可出面为其他单位担保。发行的钱票，公私款项，一律通用。

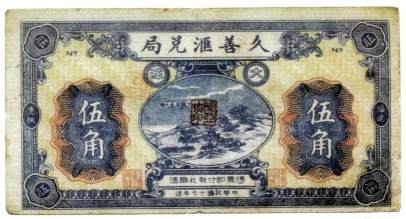

汇兑局

　　福建省久善汇兑局民国十七年（1928）大洋兑换券伍角。

　　久善汇兑局设于福建惠枫，发行的大洋兑换券在当地"凭票即付"等值大洋，并"执此为凭"。民国时期，福建的汇兑局较为普遍，发行的钱票多为大洋兑换券，主要从事侨汇业务，兼营存款、放款等金融业务。

支票局

　　福建省莆田东升支票局民国二十二年（1933）兑换券壹角。

　　该局发行的兑换券，"凭票即付通用大洋"，亦可在市面流通购物，仅限于当地市场。支票局的英文为 Exchange Co.，说明其发行的票券与汇兑局大洋兑换券的性质相同。

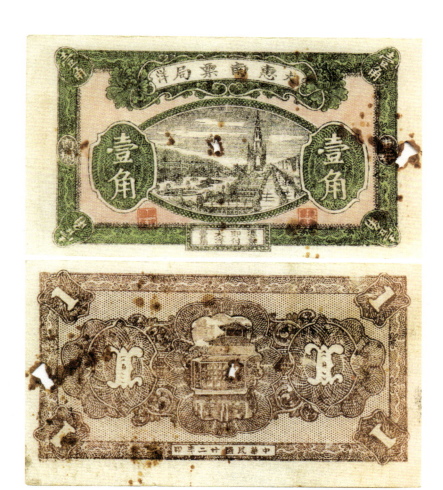

票局

  福建省惠南票局民国二十二年（1933）大洋票壹角。

  票局与汇兑局、支票局相似，都是福建省地方金融机构。所发行的大洋票，"凭票即付大洋壹角"，亦可在市面流通购物。该票与"每拾角兑国币壹圆"的辅币券在性质上不完全相同。

铜元局

　　财政部重庆铜元局民国十五年（1926）当拾兑换票。

　　光绪三十一年（1905），四川总督锡良以川汉铁路集股章程中有"在重庆设局铸造铜元"，指令川汉铁路公司从股款中拨借白银200万两交蒲台沈秉坤主持筹办重庆铜元局。先在重庆长江南岸苏家坝濒江地方购买田土二百亩作为局址，同时派人去上海向外商洋行治购机器设备。历时数年，厂房建成。至民国二年（1913），该局正式开工，先铸造伍拾文铜元，后又添铸当拾、当贰拾文铜元。民国三年（1914），铜元局被北京政府财政部接收。

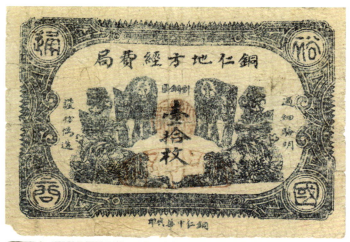

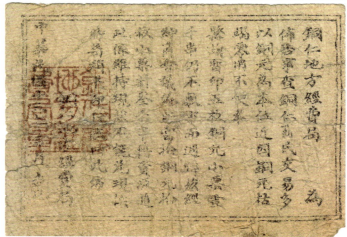

地方经费局

贵州省铜仁地方经费局民国十五年（1926）铜圆壹拾枚。

背面文字："铜仁地方经费局为布告事，查铜仁商民交易多以铜元为本位，近因铜元枯竭，零用不便，奉县谕暂印伍枚铜元小票壹仟串，仍不敷市面周转。兹经绅商会议，添印当拾铜元拾枚小票，计叁仟串持资流通，此券维持现状，不能兑现，待时局稍平即行收回，此布。"

税捐总局

　　四川省雅属税捐总局民国二十三年（1934）流通券壹圆。

　　民国年间，四川各地方政府以各种名目，发行铜元票、银元票、统筹券、借贷券、找补券等，或抵交粮税附加，或直接流通市面，雅属税捐总局发行的流通券有四种面值：壹角、贰角、伍角和壹圆。

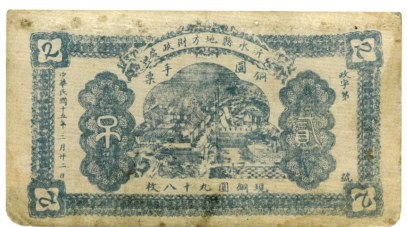

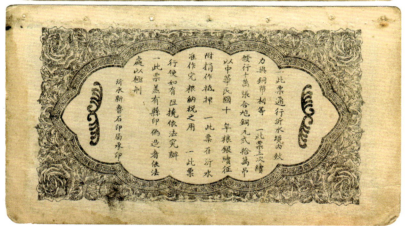

财政处

　　山东省沂水县地方财政处民国十五年（1926）铜圆手票贰吊。

　　该票为铜元手票，"现铜元九十八枚"。背面：一、此票通行沂水境内，效力与铜币相等；二、此票三次续发行十万张，合九八铜元贰拾万吊，以中华民国十年粮银续征附捐作抵押；三、此票在沂水准完粮纳税之用；四、此票行使如有阻挠，依法究办；五、此票盖有县印，伪造者依法处以极刑。

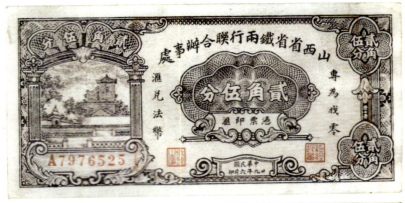

省铁两行联合办事处

　　山西省省铁两行联合办事处民国二十九年（1940）汇兑券贰角伍分。

　　1937 年"七七"事变后，山西全境编入第二战区，阎锡山任司令长官，负责晋绥战事。10 月下旬，忻口战役打响，太原震动，四银行号即停止营业，陆续向后方迁移。阎锡山从省银行和铁路银号各抽六人并集中大量资金，在运城组成省铁两行联合号随营办事处，实际就是随军银行，其主要任务就是保管钱票、调拨军政款项、发放薪饷、发行省钞等。1940 年后，战事稍平息，阎锡山将两行号随营办事处改为省铁两行联合办事处。

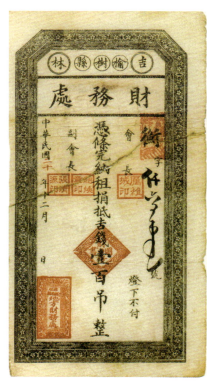

县财务处

　　吉林省榆树县财务处民国二十年（1931）壹百吊整。

　　该票票面规定"凭条完纳租捐抵吉钱壹百吊整"，并加盖会长厉维城、副会长赵焕章和张清源印章。背面说明："本处因筹垫驻军支应会款，特发此项钱条，当永衡官帖行使市面，不得拒绝。本钱条规定，每张百吊，总额贰拾万张，两仟万吊。本钱条以二十年份饷捐每饷附收驻军支应会费钱壹百吊，为兑付底款。本钱条发行三个月内只准用以输纳捐租，明年三月后饷捐畅收，始与兑换官帖。本会附设于财务处，将来尚有变迁，由财务处完全负责。"

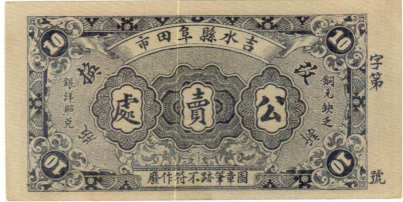

市公卖处

　　江西省吉水县阜田市公卖处民国时期铜元拾枚。

　　该票正面有"乇票即付当拾铜元拾枚",背面:"吉水县阜田市公卖处""铜元缺乏""银洋照兑""图章笔迹不符作废"。公卖处的宗旨是买卖公平,抑制不法奸商的盘剥和克服敌人的经济封锁带来的生活困难,属于公营和集体性质的商业机构。

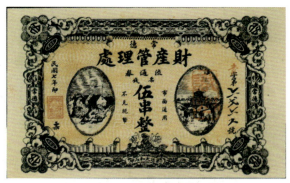

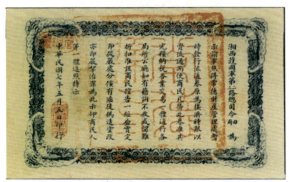

财产管理处

湖南省常德财产管理处民国七年（1918）流通券票钱伍串。

该流通卷票面规定"市面流通、不兑现币"。背面文字："湘西护国军第二、三路总司令田、周为示谕事。照得常德财产管理处，暂时发行流通券，原为接济时艰，以资流通，而便通商民。凡持此券，准其完粮纳税，各业交易，一体通行。各局所公厅，如有藉词不收，或留难折扣，准该商民控告，一经查实，定即从严处分。倘有匪徒伪造涂改，亦即严拿治罪。为此示仰商民人等，一体遵照。特示。"

1917 年 8 月，北洋政府任命傅良佐取代谭延闿为湖南督军，同时北洋陆军大举入湘，湖南政府组织湘军自保，并宣布加入护法行列。同年 10 月，陆荣廷任命谭浩明为总司令，大举援湘。谭浩明委任湘西镇守使田应诏和副使周则范为湘西护国军第二、三路总司令。因战时经济极度困难，田、周二部为解决军政费用支出，以湘西护国军名义发行常德财产管理处流通券，实为一种军钞。

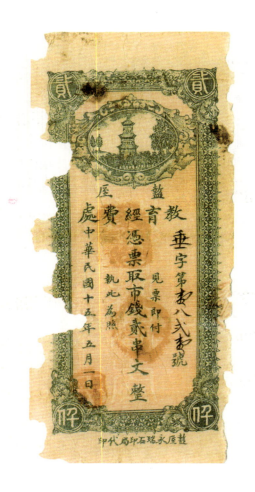

教育经费处

陕西省盩厔教育经费处民国十五年（1926）市钱贰串文。

该票由盩厔教育经费处发行，面值为"凭票取市钱贰串文整"，编号为"垂字第壹八式壹号"，规定"见票即付、执此为照"，发行日期是"中华民国十五年五月一日"，由"盩厔永瑞石印局代印"。

盩厔县在陕西省中部秦岭北麓，西汉太初元年（前104）在今终南镇置盩厔县，"山曲为盩，水曲为厔"，故此得名。1964年9月，因"盩厔"生僻，更名为周至县。

公立兑换所

　　山东省青州公立兑换所民国十九年（1930）壹角券。

　　该券正面印"青州、公立兑换所、壹角"，规定"零角不兑每拾角兑国币壹元"，民国十九年（1930）"青州东益胶板印"。背面下有"二次印"字样，可间接说明该券发行量大。公立兑换所是钱业公会在商会特许下成立的机构，发行在本地市面流通的辅币券，以各家入会商号之一定资本为担保，对票券负有兑现之责。

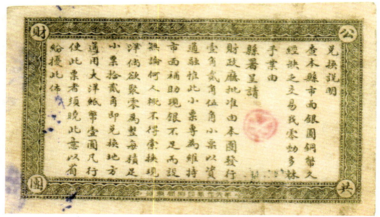

公共财团

    辽宁省岫岩基本公共财团民国六年（1917）兑换券壹角。

    该券正面文字："岫岩基本公共财团"，"壹角"，"不挂失号"，"中华民国六年造"。背面兑换说明："查本县市面银元、铜币久经缺乏，交易找零动多棘手，业由县署呈请财政厅批准，由本团发行壹角、贰角、伍角小票，以资通融。惟此小票专为维持市面，补助现银不足而设，无论何人，概不得索换现洋，倘欲聚零为整，每积足小票拾贰角，即兑换地方通用大洋纸币壹圆。凡行使此票者，须晓此意，以省纷扰，此布。"

贷款所

  河北省故城县贷款所民国时期壹圆券。

  该券正面文字有"故城县贷款所、壹圆"，发行该券的作用是"流通市面救济金融"，由"天津秋山街华章石印局印"。

  背面文字"壹圆"。县贷款所由县财政部门设立，是官办的金融机构，主要为农业、工商业提供低息贷款。

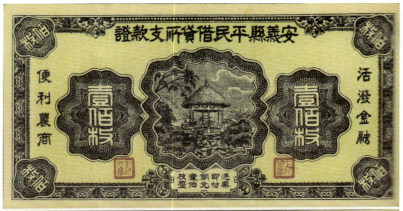

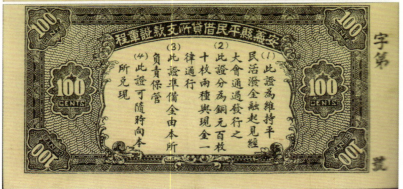

平民借贷所

　　江西省安义县平民借贷所民国时期支款证壹佰枚。

　　该票为活泼金融、便利农商而印发。支款证章程：一、此证为维持平民、活泼金融起见，经大会通过发行之；二、此证分为铜元百枚、拾枚两种，与现金一律通行；三、此证准备金由本所负责保管；四、此证可随时向本所兑现。

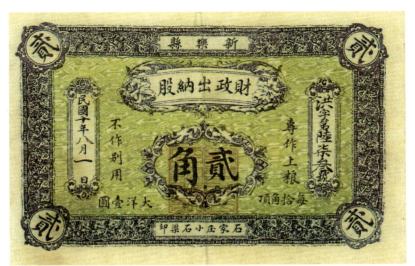

财政出纳股

　　河北省新乐县财政出纳股民国十年（1921）贰角券。

　　该票由新乐县政府财政局发行，专为上粮，不作别用。"上粮"应该是到县政府指定的地点购买粮食，类似粮票和钱票的双重作用。背面文字为"留神细看，凭票上粮不兑现洋"。

六、市、县、区、乡、镇、村、所

民国时期，市、县、区各级政府在辖区内以政府名义发行各种流通券、兑换券。与财政部、财政厅、财政局处等相比，市县、区、乡等民国政府下层行政机构发行纸币不过是上行下效。发行主体有行署、市政府、数县联合、县知事公署、特别区、乡公所、镇公所、村公所、寨公所等。

这些纸币，有些是经上级批准，但多数未经准发，就巧立名目，擅自发行。对上不报批，对下却强制流通，"如有违者，从严治罪"。

这些地方行政机关，在军阀混战时期，也多为地方军阀或豪强势力把持，大搞军事割据，对上级政令自然可以不从。有些绅商自恃地方豪强，大肆剥夺一方百姓。发行各种兑换券、公益券、统筹券、借贷券、救济券、合作券、找补券、临时货券等，便是最直接的手法之一。有的以当地田亩作抵押，有的以当地富商为担保。票券可抵充田赋税捐，亦可流通市面，即"公私款项，一律通用"。其实是一种"便期无息"公债券，兼有流通市面的职能。

在 20 世纪 30 年代农村经济凋敝、金融恐慌时，一些地区镇、乡、村公所，也发行流通券、救济券等辅币，"救济农村，调剂金融"，解决农村资金短缺，尤其是辅币不足问题，以全村田亩作抵押，"凑足拾角兑换壹圆"。有的壹圆券，还规定"凑足拾张兑换拾圆"，是变相的限制兑现。

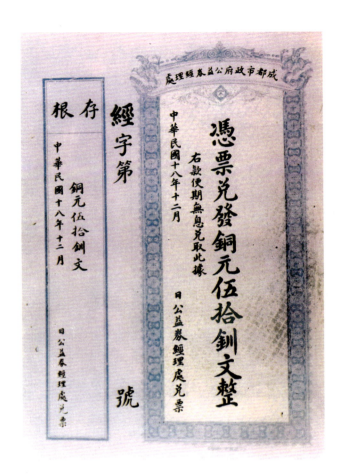

市政府公益券经理处

四川省成都市政府公益券经理处民国十八年（1929）铜元伍拾钏文。

成都市政府公益券经理处不经报批，擅自发行钞票和变相纸币。民国年间，四川各地政府在市场通货缺乏或辅币券不足的情况下，以各种名目发行铜元票、银元券、统筹券、借贷券、找补券、临时货券等，以抵交粮税或直接流通市面，造成"纸币票券满天飞"的混乱局面。

九县联合善后筹办处

　　湘西永保龙桑绥古庸凤乾九县联合善后筹办处民国十二年（1923）铜元壹伯枚。

　　该券由湘西军阀陈渠珍发行。发行条例："一、本票由联合善后筹办处因利股发行，分配九县，以便行使；二、本票基金由联合县已筹集拾万串文，分储各县筹办分处因利局，以资应兑；三、本票暂发行六万串文，联合各县因利局，无论何时一律兑现；四、本票由联合县巨富巨商充任因利局局员者负责；五、本票对于联合各县，准完纳田赋税契、关卡厘捐等项，无论何人不得扣折；六、本票联合各县不分畛域，互相照兑，一律流通。

行署

鲁北行署兑换券民国三十年（1941）伍角券。

1938 年，国民政府允许各战区的大小军官、政府官员、杂牌司令，在各自的势力范围内，滥发钞票，以补军饷。其名目繁多，行使一方，国民党鲁北行署主任何思源发行了鲁北行署兑换券。到 1942 年，鲁北行署兑换券沦落到买一斤青菜得拿一斤钞票，有的商人哭诉"是土票骗了我，连手纸都不如"。

县知事公署

湖南省湘潭县知事公署民国十三年（1924）兑换券壹圆。

该票呈奉财政司指令批准，于 1924 年 1 月发行，以本县地亩担保，准完纳民国十四年（1925）田亩赋税，可在市面购买商品，但不能兑现金，属于不兑现纸币。

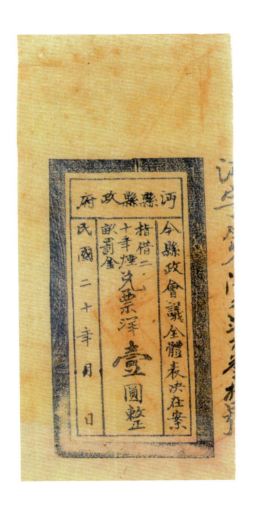

县政府

　　陕西省沔县县政府民国二十年（1931）兑换券壹圆。

　　该票由沔县县政府发行，"今县政会议全体表决在案，指借二十年烟亩罚金"作为抵押。其发行的大洋票，用于完粮纳税等，公私款项，一律通用。

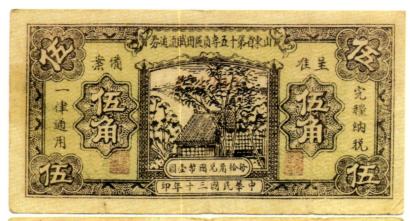

第十五专员区田赋流通券

　　山东省第十五专员区民国三十年（1941）田赋流通券伍角。

　　该券依据本区行政会议决案印制发行，以本区各县田赋为担保，与法币同价值，在所属各县，完粮纳税及公私交易，一律通用，不得拒绝。如有伪造涂改，依法照律，从严治罪。第十五专区由郯城、峰县、费县、泗水、曲阜五县构成。

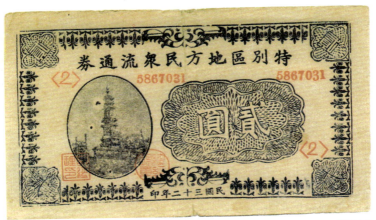

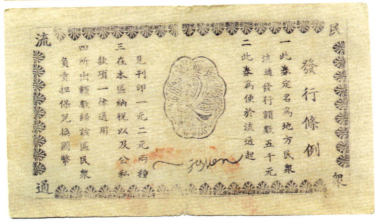

特别区地方民众流通券

特别区地方民众流通券民国三十二年（1943）贰圆券。

背面文字："发行条例：一、此券定名为地方民众流通券，发行额数五千元；二、此券为便于流通起见，刊印一元、二元两种；三、在本区纳税以及公私款项，一律通用；四、所出额数，归该区民众负责担保兑换国币。"

民国年间山东省设特区主要有两次：一是 1930 年 10 月收回了 1898 年被英国列强强租的威海，设立威海卫特别行政区，直隶于国民政府行政院；二是 1943 年将烟台商埠折出设立烟台特区。

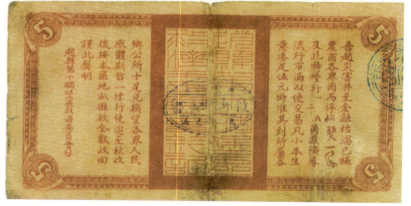

第十碉堡区救济委员会

　　河北省赵县第十碉堡区救济委员会民国二十七年（1938）赵县西区农村救济合作券伍角。

　　该券正面有"赵县西区农村救济合作券、伍角、马平、拾足兑换、民国二十七年印"，并加盖"救济总会、检查会章"印章，"天津法界华章印刷所印"。背面："吾赵灾害并至，金融枯竭已极，农商各界因而停顿。及此特发行一、二、五角救济券，流通市面，以便交易。凡小本生意，凑足伍元时，准其到所属各乡公所，十足兑换。望各界人民感体斯旨，一律行使，迫至秋收后，按本区地亩摊款，全数收回，谨此声明。赵县第十碉堡区救济委员会启。"

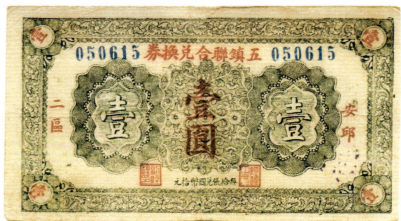

五镇联合兑换券

　　山东省安邱二区五镇联合兑换券民国二十五年（1936）壹圆券。

　　该区因财政困难，金融枯竭，特由该区召集五镇富商议决，由富商担保发行联合兑换券，将来时局平定，即行收回。规定每拾张兑国币拾元，这是限制兑现的办法。安邱二区五镇，即安邱县西南五镇：凌河镇、红沙沟镇、大盛镇、官庄镇、雹泉镇。

三镇联合流通副币

　　山东省平度七区吴家口、王家坵、窝铺三镇民国三十一年（1942）联合流通副币伍角。

　　该券正面是面值和街道图案。背面文字："一、本镇鉴于角票缺乏，金融流通颇感困难，印发此票，以资调剂；二、准备基金由三镇公所负责兑换，但须凑足伍拾角，即付国币伍元。"

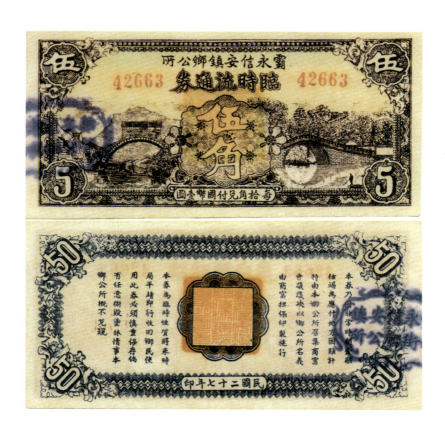

乡公所

    霸永信安镇乡公所民国二十七年（1938）临时流通券伍角。

    该券正面有"霸永信安镇乡公所临时流通券、伍角、每拾角兑付国币壹圆"。背面说明："本券乃因非常时期，金融枯竭，为应对地方困难计，特由本乡公所召集商富会议议决，以乡公所名义，由商富担保，印制施行。本券为临时性质，将来时局平靖，即行收回。乡民使用此券，必须慎重保存，倘有任意撕毁涂抹情事，本乡公所概不兑现。"

镇公所

　　河北省束鹿辛集镇公所民国二十七年（1938）角票兑换券壹角。

　　该券由束鹿辛集镇公所发行，并在县署备案，与流通国币"一体周行"，还规定"每拾角兑壹圆"。目的是解决市场找零不足问题，并注明在"辛集镇积成代兑处"可集成整数兑换国币，以"调剂金融"。河北辛集自古就是全国重要毛皮聚散地，明清之际享有盛名，有"直隶第一集"之称。

村公所

　　山西省文水县云周村公所民国二十六年（1937）兑换券伍角。

　　该券由"文水云周村公所发"，面值"伍角"，发行目的是"救济金融、兑换农产"。该券信誉由"全村农产担保"，并保证"待金融形势好转，立即收回，绝不食言"。

　　山西文水县是一块人杰地灵的风水宝地。在古今历史上有两位伟大的女性出自文水，一位是中国历史上唯一的女皇——武则天，另一位是被毛泽东誉为"生的伟大，死的光荣"的女英雄——刘胡兰。刘胡兰牺牲前曾任文水县云周西村妇救会秘书。

寨公所

　　山西省文水县麻家寨公所民国二十三年（1934）救济券贰分。

　　该券正面有"文水县、麻家寨公所救济券、每百分兑现银洋壹圆"。该券的发行，主要是解决农民交易找零不便的困难。

　　麻家寨旧归文水县南武乡（原南武镇）管辖，南武乡下辖9个自然村，麻家寨是其中之一。

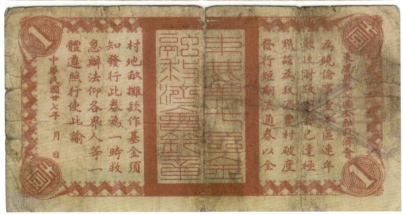

街公所

　　河北省束鹿县城东街公所民国二十七年（1938）壹角券。

　　背面说明："束鹿县第七区金融救济会，为晓谕事，查本区连年欠收，财政困难已达极点，兹为救济农村破产，发行短期流通券，以全村地亩摊款作基金，须知发行此券，为一时救急办法，仰各界人等一体遵照行使，此谕。"

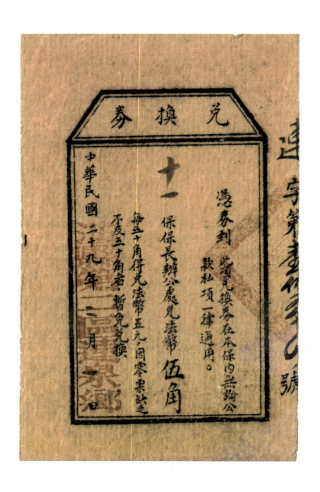

保长办公处

　　河北省涉县第二区连泉乡十一保保长办公处民国二十九年（1930）兑换券伍角。

　　文字说明："此项兑换券在本保内，无论公款私项，一律通用。每五十角得兑法币五元。因零票缺乏，不及五十角者，暂免兑换（即五圆以下者概不兑现）。中华民国二十九年二月一日，涉县第二区连泉乡。"国民党统治时期，居民以户为单位，设户长；10户为甲，设甲长；10甲为保，设保长。保长是最基层政权的负责人。

七、公会、商会、公所、委员会

　　各地商会、行业公会、同业公所等是工商界自发组织的行业自律性的半官方管理机构，是沟通政府与商号之间的桥梁和纽带。商会是上传下达的机关，即对上呈请工商各界的诉求，对下传达政府指令。对各行号的设立进行备案、审批和稽查等，行使政府监督权；同时就行业相关发展情况及合理诉求呈报上级政府部门。一般来说，商会、公会等组织，在政局稳定时期，更多发挥下达命令之责；在政局动荡时，则多发挥维护时局的临时政府作用。特别是市场阻滞、周转不灵时，商会都会出面，维持市面，补助金融。

　　为维护国家金融币制统一及地方经济发展，商会、公所等还兼顾各业，尤其是银钱业的票券发行情况。特别是地方角票等辅币券缺乏，易引起混乱和纠纷时，商会等公共团体性机构，为保证辅币券信誉，还委托殷实商号，实行连环铺保。一旦铺号倒闭，可由该商会及殷实商号负责。这类票券，一般规定"完粮纳税，一律通用"，具有代法币行使地方的权利，即具有地方性法币职能。这些发行票券的机关一般有市县商会、钱业公会、当业公会、酒业公会等。但有的商会也沦为军阀摊派款项、鱼肉商民的工具。如过境军队向当地商会派款，商会只得发行流通券，将损失转嫁到百姓头上。

　　由于农村角票不足，找零困难，各乡镇长呈请县政府设法解决。于是成立各种临时地方委员会等机关，发行地方代用券，以资流通，待辅币足用时，即行收回。

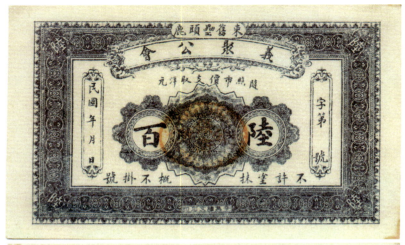

义聚公会

　　河北省束鹿旧垒头义聚公会民国时期兑换券陆百文。

　　该券正面文字："束鹿旧垒头、义聚公会"，面值"陆百"，规定"随照市价支取洋元、不许涂抹、概不挂号"。背面文字："设票宗旨：交通便利，制钱缺乏，始出纸币。民商两界，无不适意。此系京钱，老头为记。"纸币背面的老头像是仿天津银号李鸿章像印制，印制粗劣。

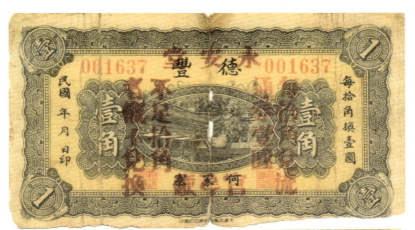

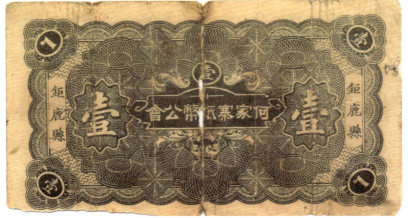

纸币公会

　　河北省巨鹿县何家寨纸币公会民国时期角票兑换券壹角。

　　该票是由村寨组织的纸币公会以德丰号名义发行的，主要是因为市面铜元缺乏，小票周转不足，找零困难，特申请商会成立纸币公会，待形势好转，悉数收回。

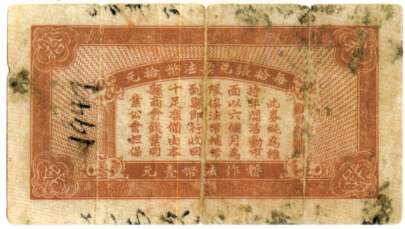

钱业同业公会

　　河北省枣强县钱业同业公会民国二十五年（1936）临时流通券拾吊。

　　背面说明："此券纯为维持年关，活动市面，以六个月为限。俟法币辅币到县，即行收回，十足准备，由本县商会钱业同业公会担保。"面值拾吊，每张暂作法币壹元。钱业指当地钱庄、银号等民间金融机构。公会指民间自律组织，一般有调解钱业之间、钱业与民众之间纠纷的作用。此券发行原因为法币辅币未到该县，为应付市面流通之需，有维持市面之公益作用。

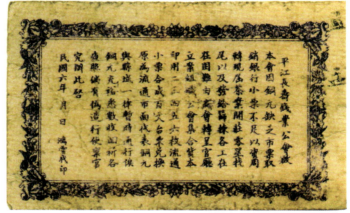

钱业公会

湖南省平江长寿钱业公会民国六年（1917）代当拾铜元肆枚。

该券规定"合成百文，台票兑换"。券背面文字："平江长寿钱业公会启：本会因铜元缺乏，市票取销，银行小票不足以资周转，现届茶业开庄，零星找尾，以及发给筛拣各工，在在困难。由本会转呈官厅立案，组织公会集合资本，印用二、三、四、五、六枚流通小票，合成百文，台票兑换。原为流通市面，代表铜元，与县城一律暂时通行。俟铜元充裕，悉数收回。祈各查照。倘有伪造行使，禀官究办，此启。民国六年　月　日。鸿雪代印。"

各帮同业公会

湖北省应城陈河商会各帮同业公会无年号壹百文券。

该券发行目的是"暂时流通,活泼金融"。背面说明发行背景:"现因铜元缺乏,找数维艰,特印壹百文纸币,维持市面通用,积成整数,即兑国币。"

各帮同业公会就是各商帮的帮会组织,他们有自己的章程,从会员中选举有声望的人担任帮主,负责调解纠纷、救济会员、制定商业常规、同衙门进行交涉等,全国比较有名气的广州"十三行",山西商人的"十五庄、八大庄口"等。

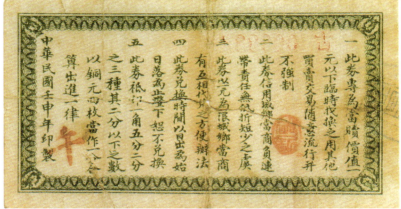

当商城乡联合会

山西省平遥县当商城乡联合会民国壬申年（1932）临时找换证券伍分。

该券正面文字："平遥县段村镇，隆昌当裕记代兑。"背面文字："一、此券专为当赎价值一元以下临时找换之用，其他买卖交易随意流行，并不强制；二、此券信用城乡当商负连带责任，无低折短少之虞；三、此券以一元为限，城乡当商有互相代兑之方便办法；四、此券兑换时间以日出为始，日落为止，灯下恕不兑换；五、此券只印一角、五分、二分之三种，其二分以下之数，以铜元四枚当作一分合算，出进一律。中华民国壬申年印制。"

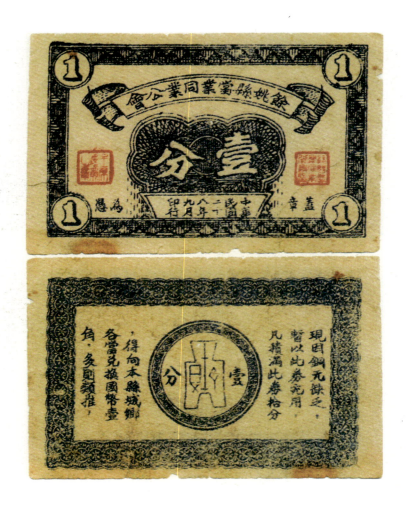

当业同业公会

浙江省余姚县当业同业公会民国二十八年（1939）九月壹分券。

背面文字："现因铜元缺乏，暂以此券充用。凡积满此券拾分，得向本县城乡各当兑换国币壹角，多则类推。"

当业同业公会是典当行的同业组织。该组织对内制定共同遵守的行规，如抵押贷款利息等；对外采取一致行动以维持本行业共同利益；如遇争端亦可由行会出面仲裁。当业公会还发行钱票，在同行业内部共同代兑。

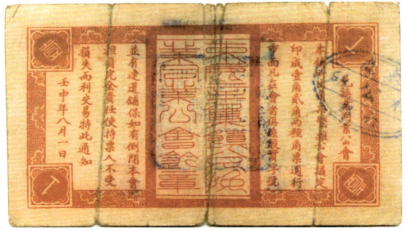

兑换同业公会

河北省束鹿辛集镇兑换同业公会民国壬申年（1932）角票兑换券壹角。

该券票面规定"每拾角换大洋壹元，夜不兑换，不许涂抹"。发行告示指出："本镇所出角票繁杂，公会议定印成壹角、贰角两种角票，周行市面。凡在会者，俱系殷实字号，并有连环铺保。如有倒闭，本会担负完全责任，使持票人不受损失而利交易，特此通知。壬申年八月一日。"该券由辛集益文石印局印制。

酒业公会

　　山西省文水县酒业公会民国二十二年（1933）兑换券壹角。

　　该券券面规定"每拾角兑省币壹元"，文水县南关永泉长代兑。该票由文水县酒业公会组织发行。因角票不足，交易困难，特发此票，以救市面。山西省稻米产量较少，主要产高粱和小米等酿酒原料。山西酒最著名的是汾酒，因文水与汾阳相邻，因此酒业比较发达。

颜料业公会

  山西省清源县颜料业公会民国二十一年（1932）兑换券壹角。

  该券正面："清源县"，"颜料业公会兑换券"，"票由同德义兑付"。背面："清源县商会公认券"，"卫（维）护金融，十足兑现"，"每拾角兑现银币壹圆"，"天津北关大祥印刷局印"。

  颜料业在山西是较早发展的产业，著名的山西票号日升昌就是由西裕成颜料庄发展起来的。康熙六十一年（1722）平遥大旱，李占殿逃荒到天津得到两位客商资助，回来后收购废铜，在村里开了颜料作坊，制造铜绿。加工的方法就是将废铜片装在木匣子里，上面盖醋糟并加热，两天后取出来，把铜片上生出的绿锈剥下，精细研磨加工，就是绿色颜料。

总商会

湖南省常德总商会民国六年（1917）票钱贰拾文。

该票"流通市面，合百换票，不兑铜元"。湖南常德总商会布告："本会因市面铜元短绌，无辅币以资流通，商店交易找补，人民生活简单，银行票币整千整百，不适于用，致有贰拾文、叁拾文、五六七八拾文等不正当恶币发现，自应遵照官厅取缔。然周转不灵，商与民又多滞碍。本会有维持金融之责，商界公同讨论，先须发行一致，取缔较易着手。暂由本会发行各种小票，于取缔之中仍寓维持之意。此系为辅助公家进行接济商民缺乏起见，一俟公家大宗辅币充裕，随时兑换，亦即立予取消，此布。中华民国六年四月印行。常德商会。"

市商会

湖南省桃江县马迹塘市商会民国时期工资券金圆伍角。

该票"合成伍元,兑换金券"。票券正面加盖"马迹塘市商会工程处"印章。

金圆券辅币券的发行背景:1948年8月,国民政府为挽救其财政经济危机,维持日益扩大的内战军费开支,特发行金圆券,以取代法币,但金圆券辅币迟迟没有发行。人们用金圆券兑换铜辅币,引起挤兑风潮,铜辅币停铸。市面上辅币匮乏,交易不便,各地自发代金券,以应付市场找零困难。

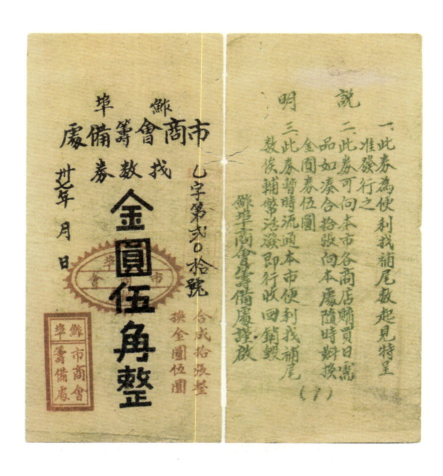

商会筹备处

　　湖南省桃江县鲊埠市商会筹备处民国三十七年（1948）找数券伍角。

　　该券"合成拾张整，换金圆伍圆"，并加盖"鲊埠市商会筹备处"印章。背面文字："说明：一、此券为便利找补尾数起见，特呈准发行之；二、此券可向本市各商店购买日需品，如凑合拾张，向本处随时兑换金圆券伍圆；三、此券暂时流通本市，便利找补尾数，俟辅币活泼，即行收回销毁。鲊埠商会筹备处谨启。"

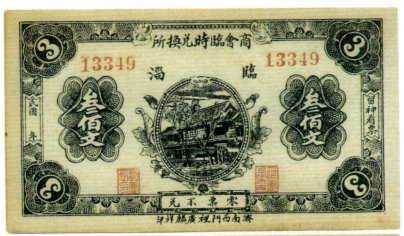

商会临时兑换所

　　山东省临淄商会临时兑换所民国时期兑换券叁佰文。

　　该券票面规定"留神看票，零票不兑"。背面文字："此票须向兑换所方能兑现。但零票不兑，如钱数满一元者，兑给银币一元。各界诸君，尚祈注意，本所谨白。"该券由"济南西门里广麟祥印"。

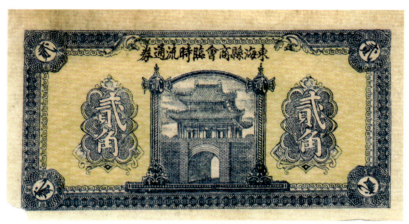

商会临时流通券

江苏省东海县商会民国时期临时流通券贰角。

该券背面印有章程摘要："一、本会为维持市面,呈准东海县政府发行临时流通券壹万元;二、本券分五分、一角、二角三种,计五分、一角各三千元,二角四千元;三、本券以十二角兑洋壹元,概不兑换铜元;四、本券以现金换给各商号,所得现金缴存新浦中国银行,作兑换准备金,不准挪动;五、存款及兑现由本会执行委员二人,监察委员一人,按月轮流负审查之责;六、本券兑换处设于本会。"

商会临时存票

　　黑龙江满洲里商会民国八年（1919）临时存票叁圆。

　　该券背面文字："满洲里商会发行临时存票条例：第一条，现因满市零币缺乏，不便找付，特由本商会公议决定，发行此项临时存票四种，即一元、三元、五元、十元者为限；第二条，此项临时存票，须满足羌帖二百五十元或一千元始能执换；第三条，油烂涂抹难辨真假者，不能执换；第四条，如有变造假造者，送官究办。中华民国八年八月。"正面注"此票照第二条兑换羌帖"。

　　羌帖是东北地区对俄罗斯纸币卢布的俗称。1917年沙俄政府印制了二百五十和一千卢布票，在远东地区和中国境内大量抛售，套取现款。

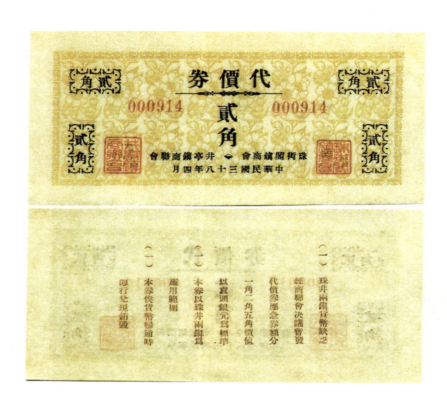

商联会代价券

上海珠街阁镇商会、井亭镇商联会民国三十八年（1949）代价券贰角。

背面文字："一、珠井两镇货币缺乏，经商联会决议暂发代价券应急，券额分一角、二角、五角价值，以袁头银元为标准；二、本券以珠井两镇为施用范围；三、本券俟货币畅通时，即行兑现销毁。"

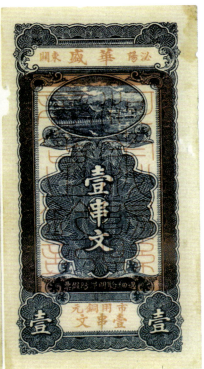

商会质押钱票

　　河南省泌阳县商会民国时期质押钱票铜元壹串文。

　　正面文字："东关、华盛、市用铜元壹串文",加盖"泌阳县商会印"。该票是以物资、物品作为抵押而发行的纸币,类似于典当票据。不过典当时发当票,到期赎当;而此票是质押钱票,可随时流通。

工商联合会货币兑换券

　　江苏省无锡工商联合会民国二十九年（1940）货币兑换券壹圆。

　　该券正面加盖"工商联合会常委之章"和"工商联合会监委之章"。背面印有使用说明："此券适用无锡二、八两区，凭券可掉换国币壹元，不准仿冒，翻印必究。"

商会赈灾抵产兑换券

　　山西省新绛商会民国十八年（1929）赈灾抵产兑换券壹圆。

　　1928—1930 年，山西省西南各县发生特大旱灾，新绛是受灾最严重的县之一。时值全国军阀混战，政府无暇维持灾区民生，灾民生活困苦不堪，新绛商会出面发行赈灾抵产兑换券，流通本县，以图救济。

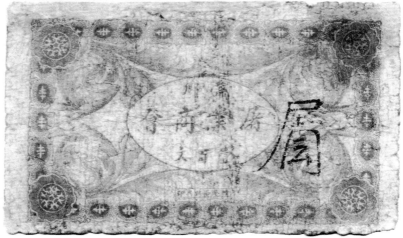

屠业商会

湖南省宁乡屠业商会民国时期银行票钱壹百文。

该屠业商会位于宁乡十都上六区，商民执此券可"拨兑官票"，兑换时可去"杉木坳陈先福照兑"。

屠业即屠宰牧畜的行业，提供收购、屠宰、销售等一条龙服务。屠业商会在晋商的商帮中也称"生皮社（帮）"。

纸币三百六十行

商业协助会

　　天津蓟县邦均镇商业协助会民国时期凭帖取凵市面钱肆吊整。

　　该券为邦均镇商业协助会所发的凭帖，"凵市面钱"是指九八折现钱，按每吊500文算，折为每吊490文市面钱，"肆吊整"即为1960文钱。票面规定"钱随市面"，指可凭帖兑现市面流通的制钱。凭帖取钱时，注意"留神细看"，"撕毁涂抹，概不付钱"。

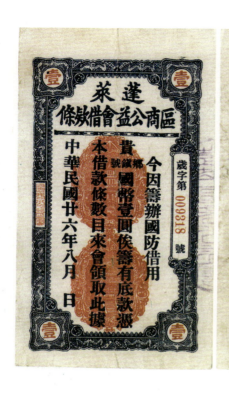
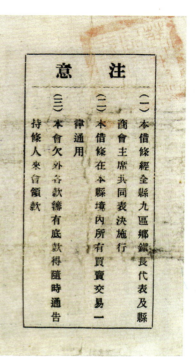

区商公益会

　　山东省蓬莱区商公益会民国二十六年（1937）借款条壹圆券。

　　该券正面文字说明了发行背景："今因筹办国防，借用贵乡（镇／号）国币壹圆，俟筹有底款，凭本借款条数目来会领取，此据。中华民国廿六年八月　日。"盖"区商公益会"印。背面印有"注意"：一、本借条经全县九区乡镇长代表及县商会主席共同表决施行；二、本借条在本县境内所有买卖交易，一律通用；三、本会欠外各款，筹有底款，得随时通告持券人来会领款。

经济委员会

  河北省束鹿县经济委员会民国二十八年（1939）伍角券。

  该券为"中华民国廿八年印"，规定"每拾角兑付国币壹圆"。该券为束鹿县政府以经济委员会名义发行的流通券，在全县流通，完粮纳税，一律通用。

农村经济维持会

山西省文水县农村经济维持会民国二十一年（1932）贰角券。

该券规定"每拾角兑银洋壹圆"，当属地方角票不敷使用之故而发行流通，目的是"维持地面，救济农村"。票面加盖"董事会章、监察图章"，谨防假票，以维信用。

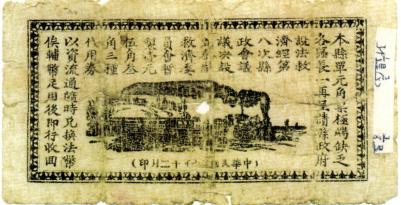

金融救济委员会

山东省无棣县金融救济委员会民国三十年（1941）单元代用券壹圆。

该券背面文字："本县单元角票极端缺乏，各区长一再呈请县政府设法救济。经第八次县政会议议决，设立金融救济委员会，暂制壹元、伍角、叁角三种代用券，以资流通，随时兑换法币。俟辅币足用后，即行收回。中华民国三十年十二月印。"

维持金融委员会

　　河北省冀县第四区维持金融委员会民国二十六年（1937）暂行流通券伍圆。

　　该券"民国廿六年旧十二月印"，"限期一年换取国币"。背面文字："兹因时局非常、金融停顿，经全区人众开会决议，在王村自卫社总部，组立维持金融委员会，公议暂出流通券，以资周转，并经附设监察会而昭慎重。其基金以本区各村地亩作为保障，限期一年收回销毁。倘届期犹有存留该券之人，务即持向本会换取普通周行之国币为要。但本券采用存根连单式样，有骑缝字及戳为凭，以便查对票之真伪，尤望注意。冀县第四区维持金融委员会公启。"正中加盖"河北省冀县第四区区监察委员会印记"。

　　　　　　　　　　　　　　　　　　　　　　　　　　　　　纸币三百六十行

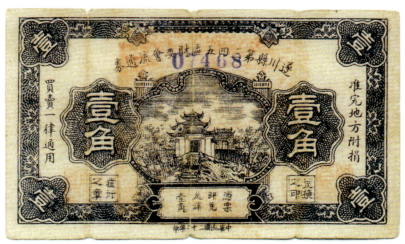

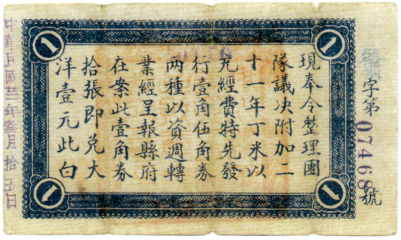

区财委会

江西省遂川县第三、四、五区财委会民国二十二年（1933）流通券壹角。

该券规定"准完地方附捐，买卖一律通用"，且"凭票即兑大洋壹角"。背面文字："现奉令整理团队议决，附加二十一年丁米，以充经费，特先发行壹角、伍角券两种，以资周转，业经呈报县府在案。此壹角券拾张，即兑大洋壹元，此白。"票侧加盖"中华民国廿二年叁月拾五日"。

地方财政保管委员会

　　山东省福山县地方财政保管委员会民国三十一年（1942）流通券伍圆。

　　该券正面标注"公私款项一律通用"，并加盖"财委会"印和"主任章"。背面："凭票即由本县金库兑换国币伍圆"，且特意在票面注明"灯下不付"，"中华民国三十一年印"。

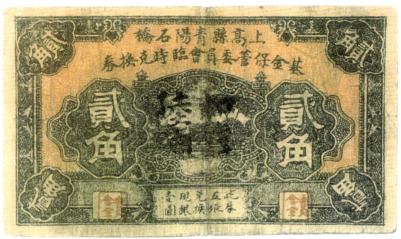

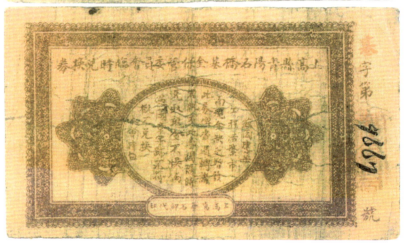

石桥基金保管委员会

　　江西省上高县青阳石桥基金保管委员会民国时期临时兑换券贰角。

　　该券正面注明"此券五张兑换现银壹圆"。背面:"兹因建筑工程浩繁,市面现金缺乏,暂发此券,俾资周转。诸君执有此券,得随时兑取现金不误。倘遇图章字迹不符,概不兑换。本会特白。"

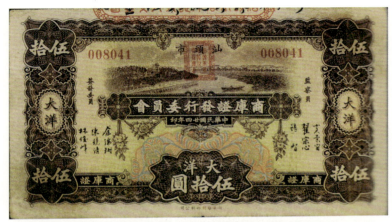

商库证发行委员会

　　广东省汕头市商库证发行委员会民国二十四年（1935）大洋伍拾圆券。

　　1927年受金价上涨影响，汕头商业不振。有些银庄周转困难，信誉动摇，宣告停业清理者颇多。1933年后，银庄纸币日趋贬值，时闻倒闭，信用全失。于是由汕头市局、商会、汇兑公所、银庄代表等成员组成"汕头市商库证发行委员会"，发行统一"商库证"，回收银庄纸币，重建通货信誉，活泼金融。

平售米粮委员会

　　江苏省无锡平售米粮委员会民国时期米贴券伍角。

　　该券票面文字为"只准买米,不作别用。如有伪造,依法严惩"。该券是城镇居民买平价米的凭证,也是在不法商贩抬高米价、城镇居民受累之时,政府出台的一项保障民生的措施。平售就是平价销售。1940年夏到1942年冬,为了打击一系列囤积居奇、哄抬物价的不法商贩,由地方行政机关、社会团体、商会、行业工会组成平价委员会,按当地市场情况设定一个地区的价格,目的在于抑制价格上涨,保障民生。

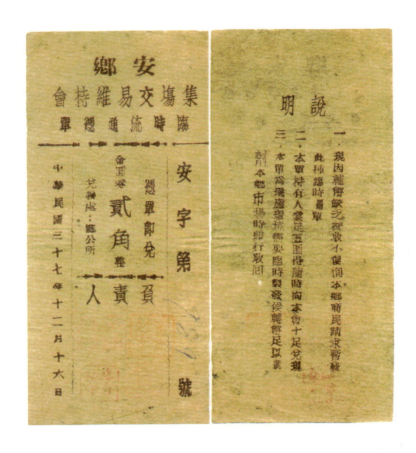

集场交易维持会

　　湖南省安乡集场交易维持会民国三十七年（1948）临时流通凭单贰角。

　　该券正面注明"凭单即兑，金圆券贰角整"，"兑换处：乡公所"，"负责人"下有三处签章，概因时间久远之故，印迹模糊，不可辨认。背面"说明"："一、现因辅币缺乏，交收不便，徇本乡商民请求，暂发此种临时凭单；二、本单持有人汇足五圆，得随时向本会十足兑现；三、本单为适应环境需要，临时制发，俟辅币足以调剂本乡市场时，即行收回。"

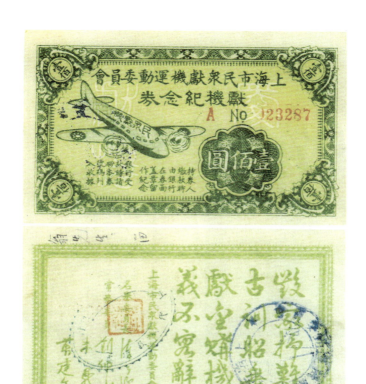

献机运动委员会

　　上海市民众献机运动委员会民国时期献机纪念券壹佰元。

　　1931年"九一八"事变后日本发动了全面侵华战争,国内各地民众纷纷掀起爱国运动,提倡航空救国。1932年4月,上海各界人士发起组织中国航空建设协会,这些团体组织各类活动,曾先后筹办航空学校、航空制造厂,发行航空彩票、航空奖券等。根据国民党中央政治会议第341次会议决议,救国抗战捐飞机办法:捐款以本年2月—6月为限,标准:薪额不满30元者月捐3角,30—50元捐6角,50—100元捐3%,100—200元捐6%,200—300元捐8%,301元以上者捐10%,所捐款项逐级汇解中央飞机捐款委员会,期满合计捐款3228692.86元(当时每架飞机的价格是11—13万元)。

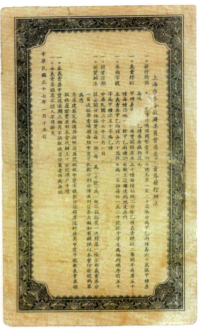

冬令救济委员会

上海市冬令救济委员会民国三十七年（1948）房屋义卖券乙种国币拾万圆。

该券背面有"发行办法"：一、发行总额：本义卖券发行总额国币壹千捌百亿元，共一百二十万张，分为甲乙两种各六十万张，甲种券每张贰拾万元，乙种券每张拾万元；二、义卖标的：甲种义卖标的一层双开间房屋五十幢，每幢占地二分余，乙种义卖标的二层间半房屋五十幢，每幢占地一分余。甲乙两种均有卫生设备，连同地皮在内；三、券面字号：本义卖券甲乙两种各六十万张，分为一百组，每组一万二千号，采千字文为编列顺序，前五十字为甲种，次五十字为乙种；四、开奖日期：中华民国三十七年三月一日；五、开奖办法：采公开分组摇奖法，每一组（每一万二千号）为一个单位，摇奖一次得屋一幢，全部义卖券分一百次摇毕，当场将每组中奖字号数分别公布，并刊登各大报，如有错误，以本会印发号码单为凭。房屋建筑完成后，再按照房屋号数就中奖字号数分摇得屋，随时持具中奖字号数义卖券，领取收屋证书，并由本会代办土地登记过户手续；六、本义卖券中奖后，逾期三个月不换取收屋证书者作为无效；七、本义卖券认票不认人，不得挂失。中华民国三十七年一月十五日。

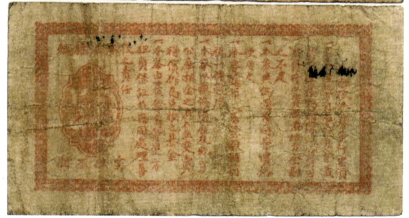

地方自治委员会

　　黑龙江省勃利县地方自治委员会民国三十五年（1946）金融救济券伍拾圆。

　　该券正面："中华民国三十五年一月一日"，加盖"委员长印"。背面："金融救济券发行要领：一、本券经地方自治委员会议决并呈请勃利县政府许可而发行，以资救济地方金融之不足；二、本券与伪国币同等价格使用之；三、本券随市交易暨缴纳捐税一律通用；四、本券以敌伪遗产及地方公产租金之收入并变卖得价作为兑换之基金；五、本券由农会商会双方担负保证并协同处理善后之责任。水湿、揉烂、涂抹不付。"

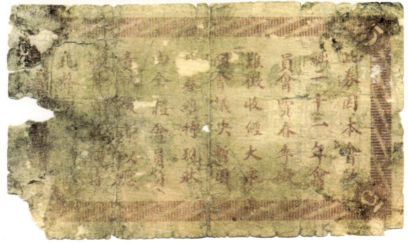

农会会费存据

　　吉林省抚松县农会民国二十一年（1932）会费存据伍角。

　　该券面值为"法价现洋伍角"，并规定"兑换市票，不挂失号"。背面："此券因本会款绌，二十三年会员会费，春季碍难征收，经大众开会议决，暂用此券维持现状，由全体会员负责，秋后而以应缴会费收回，特此声明。"

　　　　　　　　　　　　　　　　　　　　　　　　　　纸币三百六十行

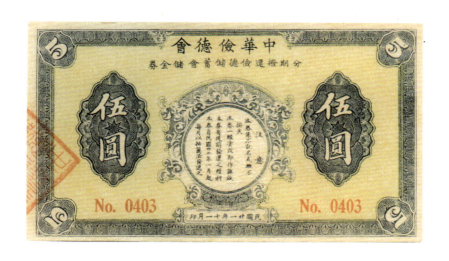

俭德会

中华俭德会民国二十一年（1932）分期拨还俭德储蓄会储金券伍圆。

该券正面文字："注意：本券系不记名式，概不挂失；本券一经涂改，即作无效；本券有提前发还之权利；本券自民国廿二年一月起，每月以抽签法发还之。""民国廿一年十一月印"。

俭德会就是勤俭会，中华民族自古就有克勤克俭之风，要量入俭出，亦可自给自足。

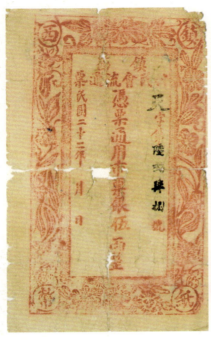

公民会流通票

新疆镇西公民会民国二十二年（1933）流通票伍两。

该票背面上半部为汉文告示："镇西县政府示，此项纸币地方有益，完粮纳税，流通便利，活泼本境，不能兑现。倘有违抗，定即严议，民国二十二年　月　日。"下半部为维吾尔文告示。

镇西公民会流通票现时存世有叁两、伍两和拾两三种。1931年，蒋介石授予马仲英骑兵第三十六师正式编制番号，驻防河西走廊，以牵制新疆省主席金树仁政权。马仲英派部下马应彪驻守镇西，并任命马寿山为镇西县长，在1933年5月，以镇西县公民会（即原来县商会）名义发行流通票。流通票推出市面时，声称与省票（新疆省财政厅发行）同时等值流通于镇西县内。至1934年元月，马仲英战败被驱出镇西县，流通票作废。

匪灾善后委员会

　　江西瑞金匪灾善后委员会民国时期毫洋伍角。

　　为保证毫洋券的流通，瑞金全县以三成租谷作抵押，发行负责人有钟子衡、杨家泽、刘忠淮、钟腾汉、罗积明，并规定古历当年九月底兑现。背面加盖"瑞金县匪灾善后委员会之印"，以保证信誉。

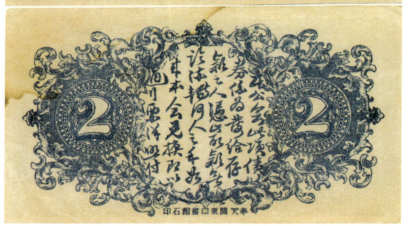

农商储蓄公会

　　辽宁省铁岭农商储蓄公会民国六年（1917）存款券贰角。

　　该券正面注"不挂失号"，加盖"农商储蓄"和"公会之章"。背面："本公会此项债券，系为发给存款之人，凭此取款，无论流转何人之手，如来本会兑换，即以通行票洋照付。"该券由"奉天关东印书馆石印"。

　　　　　　　　　　　　　　　　　　　　　　　纸币三百六十行

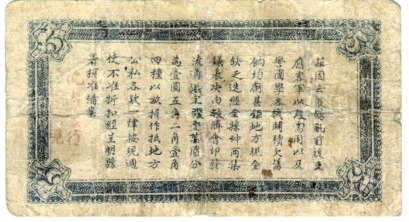

农商合组救济会

内蒙古商都县农商合组救济会民国二十六年（1937）流通券伍角。

该票规定"公私款项，一律周使"。背面："兹因去岁战乱，前后支应客军□□需用以及警团学各机关积欠旧饷，均亏甚巨，地方现金缺乏，迭经全县绅商集议表决，由救济会印发流通券，定发壹万元，分为壹元、伍角、贰角、壹角四种，以亩捐作抵，地方公私各款一律按现周使，不准折扣。经呈明县署核准备案。"最左侧两列文字应是"九月发行、十二月兑现"，字迹模糊，依稀可辨。

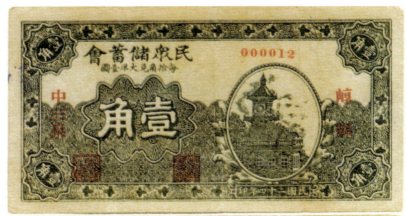

民众储蓄会

　　山西省崞县民众储蓄会民国二十四年（1935）壹角券。

　　该券正面注明"每拾角兑大洋壹圆"。背面文字有"维持市面、辅助金融"，最右侧加盖"崞县中三泉民众储蓄会"印章。

　　崞县中三泉民众储蓄会于1935年由商号集资入股设立，1937年储蓄会发行股票，每股拾元，经理杨守荣，协理杨兆春。

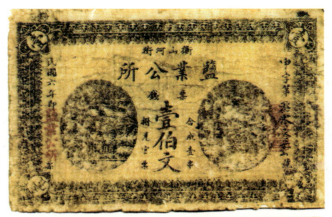

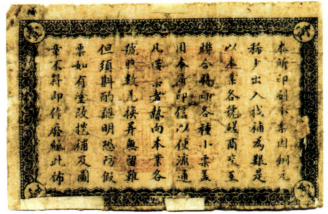

盐业公所

湖南省衡山河街盐业公所民国六年（1917）票钱壹伯文。

正面文字："衡山河街盐业公所票钱壹伯文"，"合成壹串"，"拨兑官票"，"民国六年盐业公所票"。背面："本所印刷小票，因铜元稀少，出入找补为艰，是以本业各号磋商，交互联合制印各种小票，盖用本所印信，以便流通。凡持票者，执向本业各号照数兑换，并无留难，但须斟酌认明，恐防假票。如有涂改挖补及图章不符，即作废纸，此布。"

布业公所

　　葛镇布业公所民国丁巳年（1917）值官票钱壹伯文。

　　票背发行启示："此票额定百文并无杂数，集成拾张准换台票壹张，只作市用，不兑铜元，凡典、铺、行、店准其一律通行，票中如有墨污涂改即作废纸。葛镇布业公所启。"

禁烟公所

    禁烟公所民国十七年（1928）贰圆券。

    1840年鸦片战争以后,禁烟法令出台。但第二次鸦片战争后,鸦片贸易合法化,中国进入了长达一个多世纪的"黑毒"泛滥时期。英帝国主义这种商业战争性的海盗式掳掠,给中国人民带来了极其深重的灾难。1906年清政府制定了"十年禁烟"计划,取得了一定的效果,省、市设禁烟委员会,县设禁烟局,乡镇设禁烟公所。

船商公所

　　湖南省宁乡元堂船商公所民国六年（1917）票钱贰拾文。

　　该券正面文字有"元堂船商公所"，"票钱贰拾文"，"民国六年"，"并壹串即照兑"。背面为"贰拾文"面值。

　　船商公所是船商同业公会组织，经商会批准，发行钱票，用于零星找补之用，积壹串整数可兑换铜元。这是在铜元不敷使用的情况下，各行业组织发行在本行业内流通且保证兑现的辅币券。

商界代价券

　　江西省金溪民国三十一年（1942）商界代价券伍角。

　　该券由"字林印刷公司承印"。背面文字为"金溪商界代价券"，"中华民国三十一年印"。

　　抗战时期，因铜元被视为战略物资，市面所用日渐减少。代价券是在找零困难时，由商号发行钱票，代替铜元流通市面。代价券一般不兑现，初期时由铜、竹、木等不同材质制成，后期多为纸质。商界代价券由集市商会发起印刷，作为地方统一使用的辅币券，由当地商号保证其信誉。

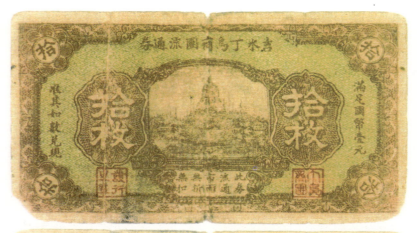

商团流通券

    江西省吉水丁乌商团民国二十一年（1932）流通券拾枚。

    该券规定"满足国币壹元，准其如数兑现；此券流通市面，无折无扣"，并加盖"丁乌商团"和"发行之章"。背面文字为"吉水丁乌商团流通券"，"民国廿十一年发行"。

    丁乌商团是吉水县丁江镇和乌江镇两地商会组织的团练武装，按军队编制，以维护商会利益和正常贸易不受土匪侵扰。丁乌商团发行的流通券，也是摊派商团用费的预征券，实际并无担保基金。

八、合作社、联合社

合作制是欧洲产业革命后出现的一种社会组织形式。五四运动前后，合作制思想传入中国。孙中山在阐述三民主义之民主主义时，提出了分配社会化观点，即合作社制度。

为贯彻孙中山"民主主义"建国方略，南京国民政府成立后即大力提倡并推行农村合作事业。各省先后成立农村合作委员会，成为各地组织兴办农村合作事业的指导机关。兴办的各类合作社中，以信用、消费、生产、运销合作社等为主。

到 20 世纪 30 年代中期，农村合作社发展达到高潮。国民政府设立中央合作金库，在地方分设农村金融救济处。抗战爆发后，农村合作社成立的目的由最初的"平抑物价、配销物资、救助生产、改善生活"，发展到"复兴农村、整顿金融、促进民国经济建设"等。

农村合作社以乡镇为基础，联合社是在合作社基础上再合作。横向的有合作社之间组成联合社，如生产、消费合作社组成产销联合社；纵向的有在上层组成县联合社、省联合社。联合社是合作社进一步发展的结果，在抗战时期较为普遍。

农村合作社积极推行资金自给，不完全依赖银行借款。于是一些农村合作社以"维持金融，便利商民"为标榜，发行合作券、兑换券。阎锡山统治山西时期发行的农村合作券最为典型，即常以一村地亩为担保，规定每田一亩抵合作券一元或五角。

合作社发行流通券、合作券，原因是农村合作化以后，集体经济代替个体经济，促进了农产品商品化，货币需求增加。农村资金缺乏，使得合作社发行流通券以补充。这种情况直到建国后的 50 年代仍然存在。

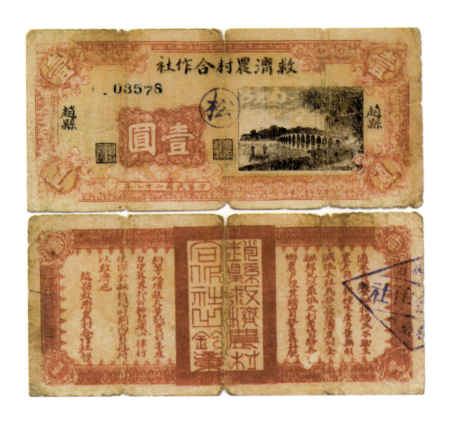

救济农村合作社

河北省赵县救济农村合作社民国二十八年（1939）壹圆券。

背面文字："近来吾赵金融枯竭，民不聊生，农户无力耕种，生产力量无非减低，本社为贯通救济农村金融起见，以最低之利率贷给各乡农户，使其购买牲畜、农具、肥料等，以增进大量的农村生产力，望各界于公私款项一律行使，俾金融枯竭时期而农民得以救济也。赵县救济农村合作社启。"中间加盖"赵县救济农村合作社之钤章"。

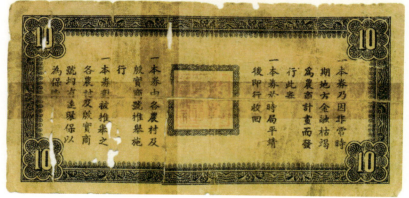

农民合作社

　　河北省文霸联区农民合作社民国二十七年（1938）救济金融临时流通券壹角。

　　背面发行告示："一、本券乃因非常时期,地方金融枯竭,为农商计划而发行此券;二、本券于时局平靖后即行收回;三、本券由各农村及殷实商号推举施行;四、本券对被推举之各农村及殷实商号均有连环保以为保障。"

　　该社是文安县和霸县联区合作社,位于苏桥镇。农业合作之效用:共同买种,共同购进机械,以增产和提高附加值;标准化生产,沟通市场信息,增辟市场,争取农民定价权;增加农民收入,提高生活质量。

农商金融合作社

  山西省介休农商金融合作社民国二十三年（1934）伍分券。

  阎锡山二次上台后，提出"造产救国"的口号，发展实业，使山西经济建设在短期内得到明显改善，同时对工商业、农商业也大力扶植，发展农业，兴办水利，活跃金融。

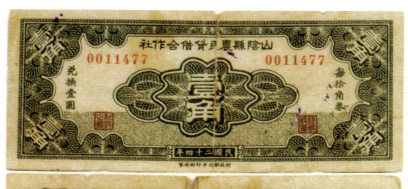

农民贷借合作社

　　山西省山阴县农民贷借合作社民国二十四年（1935）壹角券。

　　山阴县地处山西省西北部，经济不发达，县城里没有什么像样的金融机构，货币兑换业务大多为杂货铺兼营。为了发展农业生产，县政府批准成立农民贷借合作社，以地亩担保，发放贷款，秋后用粮食偿还。

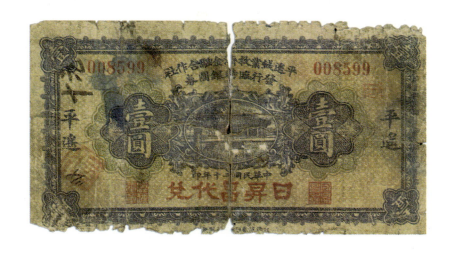

钱业救济金融合作社

　　山西省平遥钱业救济金融合作社民国二十年（1931）临时银圆券壹圆。

　　该券正面："平遥钱业救济金融合作社"，"发行临时银圆券"，"壹圆"，"日升昌代兑"，"中华民国二十年印"。日升昌票号破产后，1932 年由债权人从收回的账款中提出 6000 元作为资本，将日升昌票号改为日升昌钱庄，由债权人与债务人合伙经营，从事存款、放款、汇兑业务。

农产合作社

　　山西省祁县吴家堡农产合作社民国时期贰角券。

　　正面文字:"祁县","农产合作社","吴家堡"。背面:"贰角"(英文),加盖"祁县吴家堡农产合作社"印章。

　　山西各县农产合作社因资金需要,发行合作券。合作券由山西省银行印制,各县合作供销社发行,票面有县名,只限本县境内流通,出县须由合作供销社拨汇。抗战后期,合作券每县发行1万元左右,无现金准备。合作券计划"取消私商剥削,统一管理市场,稳定物价,保障人民生活",因实际收售价格不一,最终成为强购人民物产的"活捉券"。

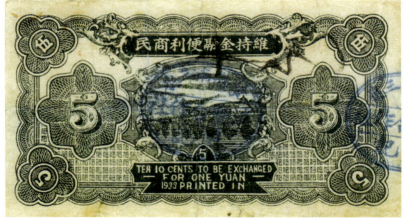

消费合作社

　　山西省崞县南泉消费合作社民国二十一年（1932）伍角券。

　　正面文字："崞县南三泉"，"南泉消费合作社"，规定"每拾角兑国币壹圆"。背面："维持金融，便利商民。"

　　消费合作社组织纲要：以供给社员日用必需品及农业生产必需品为目的，尤注重农具、耕牛、种子等之供应；合作社负保证责任；凡乡村之有正当职业者，皆为社员；社员缴纳股金投资入股。作用：配销平价物资，改善生产设备，发挥救济功能，增加社员收入等。

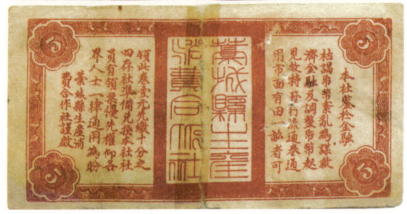

生产消费合作社

　　河北省藁城县生产消费合作社民国二十七年（1938）流通券伍角。

　　该券背面有发行说明："本社鉴于金融枯竭，纸币紊乱，为谋救济金融及调整纸币起见，故特发行流通券通用市面。有田一亩者，可领此券壹元，先缴十分之四存社准备兑换，本社社员有领票优先权。仰各界人士，一律通用为盼。藁城县生产消费合作社谨启。"

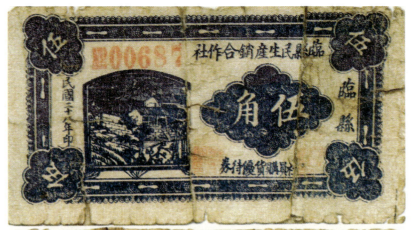

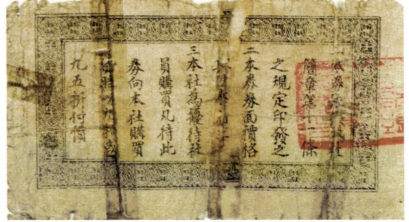

民生产销合作社

山西省临县民生产销合作社民国二十八年（1939）社员购货优待券伍角。

该券正面："临县","临县民生产销合作社","伍角","社员购货优待券"。
背面发行章程："一、本券依合作社简章第十一条之规定印发之；二、本券券面价格与国币相等；三、本社为优待社员购买，凡持此券向本社购买货时，以九折或九五折付价。"

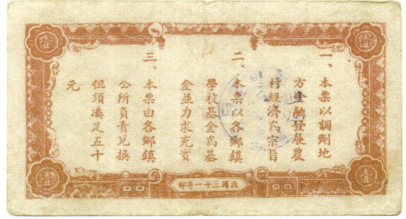

产销联合社

　　山东省平度六区产销联合社民国三十一年（1942）壹圆券。

　　该券正面："平度六区产销联合社"，"双庙乡"，"壹圆"。背面："一、本票以调剂地方金融，发展农村经济为宗旨；二、本票以各乡镇学校基金为基金，并力求充实；三、本票由各乡镇公所负责兑换，但须凑足五十元。""民国三十一年印"。

供销合作社

    冶总职工供销合作社 1949 年代金券壹仟圆。

    该券正面："冶总职工供销合作社","壹仟圆","公历一九四九年"。背面是发行说明：一、此券只限于本厂流通,不准外传；二、须爱护此券,破坏随时兑换；三、此券与人民币等值使用；四、此券有优先购买权；五、此券在通知收回时一律收回,过期无效。"

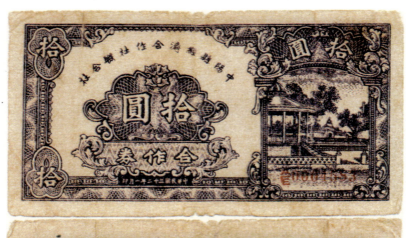

经济合作社联合社

山西省中阳县经济合作社联合社民国三十二年（1943）合作券拾圆。

该券是阎锡山推行"新经济政策"时发行的官办"私票"，一开始由官绅办理，有100多个县村合作社发行了合作券，但很快发生贪污事件，后改为富商代办。这种纸币以土地为担保，变不动产为动产，每亩可发合作券壹元，所有交易均可使用。合作券由山西省政府统一印制，仅在各县县内流通。原计划按各县生产状况及交易额决定发行量，但由于发行过多，发生贬值，到1947年停止流通。

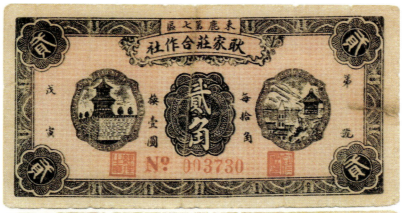

庄合作社

河北省束鹿第七区耿家庄合作社民国二十七年（1938）贰角券。

背面文字："查现在金融枯窘，农商停顿，本社为急谋救济起见，特发行此票，以资周转。以一年为期，由本社同人地亩征摊基金，切实负责兑换，保持信用。望各界一律行使，不啻解义囊以救倒悬也。谨此声明。耿家庄合作社启，中华民国廿七年印。"中间加盖"束鹿第七区金融救剂社"章。

镇信用合作券

　　山西省文水县南武镇民国二十六年（1937）信用合作券壹角。

　　发行背景：近数年来，农村灾欠，金融枯竭，经济窘迫，周转不易，民不聊生。有鉴于斯，特发行角票流通市面，随时兑现，以资补助。

村信用合作社

　　山西省文水县武家寨村信用合作社民国二十四年（1935）壹角券。

　　发行说明：山西农村，土地贫瘠，农商凋敝，经济枯竭，应设法调剂，以资周转。经村民议定，以全村地亩商号作抵，用昭大信，请各界予以协助，乐为行使。本合作社有厚望焉。本券发行后，每日兑现，合并声明。

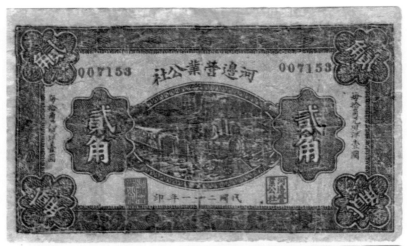

营业公社

　　山西省五台县河边营业公社民国二十一年（1932）贰角券。

　　河边营业公社是阎锡山父亲阎书堂于1928年在河边村成立，资本9000元，经营棉布、杂货等。阎锡山回河边居住时，多在这里闲坐办公，所以地位显得特殊。一段时期，一块银元只能兑换该字号0.95元的钱票。因此该钱票留下的极少。

农商救济社

  河北省束鹿南棚农商救济社民国二十七年（1938）贰角券。

  该券正面文字规定"每拾角兑换壹圆"，且"不许涂抹，夜不兑换"。背面文字："贰（角）"，"辛集通古石印"。

  抗战时因货币混乱造成"金融枯窘，农商停顿"，束鹿商界发起成立救济社，发行票券，周转市面。由入社商号资产为基金，保证信用，以达各界一律行用之目的。

九、农林、水利

民国时期，农业生产是国民经济的重要组成部分，也是国家税收的主要来源。当时农村基础非常薄弱，基本上是靠天吃饭。在农林生产、兴修水利等事业上，因季节性和自然灾害等原因，如春季购种子化肥、夏季引水灌田、秋季防虫防灾，使得一年四季都资金紧张，不敷使用。于是发行临时性货币，便成为各省、各县及其下属机构应付时局、调剂资金的常用办法。

因发行者众，货币种类亦多，名称也就五花八门。针对农民的票券有：农民流通券、农民救济券、农民临时抵借券、救济农村流通券等；田赋类票券：田赋抵纳券、田赋预借券、田赋印收、粮谷交易存款证、田亩贷款证；水利工程类：水办局支票、工程救济券、垸堤工总局工资券、第三坝工程救济券、浇地工程救济券等；粮食类：粮食兑换券、粮谷交易存款证等；此外，还有农林公司类。

这些临时性货币，以救济为名，实为弥补财政赤字之法，即提前支取农村预拨资金。一般通过农业贷款或水利工程经费等方式，流入民众手中。有的流通券还用于战时前敌地区的市场交易，即为战时市场采购物资服务。等到国家预拨资金下达，或到秋收季节，通过征收田赋或附加税等方式收回，时间为六个月左右。其间，该流通券可与法币有同等效力，即"完粮纳税，一律通用"。

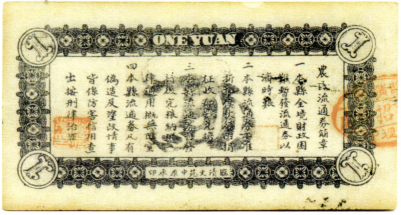

农民流通券

　　山东省临清县农民流通券民国二十七年（1938）壹圆券。

　　该券正面："完粮纳税"，"一律通用"，"凭票即付国币壹圆"，"中华民国二十七年印"。背面："农民流通券简章：一、本县全境财政困难，暂发流通券，以济时艰；二、本县流通券不准折扣，俟秋后附捐征收，如数兑换；三、本县流通券自发行后，完粮纳税，一律通用，概无阻窒；四、本县流通券，凡有伪造及涂改情事，皆系防害信用，查出按刑律治罪。"

救济农村流通券

　　河北省宁晋县救济农村流通券民国二十六年（1937）壹圆券。

　　该券正面："宁晋县"，"救济农村流通券"，"壹圆"，"每拾角换壹元"，加盖"委员会章"和"商会之章"。背面："吾宁灾害并至，金融枯竭，农商停顿，人民流离失所。为急谋救济起见，各界会商成立救济农村委员会，发行期票，俾资周转，以一年为期，届时按地亩征摊，由商会负责办理，望各界一律行使，实不啻解义囊以救倒悬也，谨此声明。宁晋县救济农村委员会启。"中间印章"宁晋商会检查纸币钤章"。

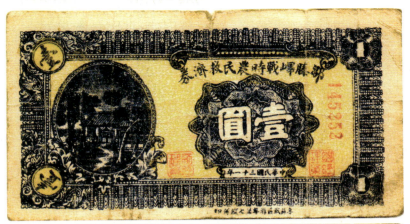

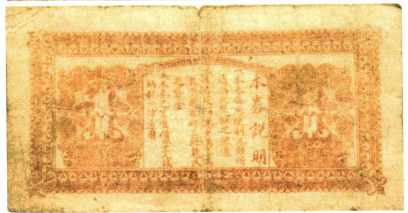

战时农民救济券

　　山东省邹滕峄战时农民救济券民国三十一年（1942）壹圆券。

　　该券正面："邹滕峄战时农民救济券"，"壹圆"，"中华民国三十一年"，"鲁苏战区游击第七纵队印"。背面："本券说明：一、本券系为便利本部所领饷款紧缺之流通；二、本券定额为十万元，为救济邹滕峄三县农民之贷金；三、本券是呈准备案，完粮纳税，一律通用。"

农民交换有价证券局

　　福建省惠枫农民交换有价证券局民国十六年（1927）大洋贰角券。

　　该券正面："福建惠枫"，"农民交换有价证券局"，"贰角"，"凭票即付执此为凭"，"中华民国十六年造"。背面："农民交换有价证券局"（英文），"见票即付"（英文），"上海成都路四二三号美术印书馆承印"。

农民临时抵借券

　　山东省鱼台县农民临时抵借券民国三十一年（1942）拾圆券。

　　该券正面："山东"，"鱼台县农民临时抵借券"，"拾圆"，"中华民国三十一年"。背面："更换票版"，"鱼台县流通券"（英文），"完粮纳税"，"一律通用"。

　　鱼台县政府为补财政不足，以农民田亩租税为担保，发行临时抵借券，等于提前预扣田亩税款，用于财政支出，并强制发行。这是各县发行票券的常用方法。所谓"完粮纳税一律通用"，就是通过征收田税时收回所借款项。

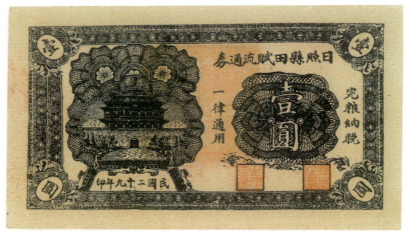

田赋流通券

  山东省日照县田赋流通券民国二十九年（1940）壹圆券。

  该券正面："完粮纳税"，"一律通用"，"民国二十九年印"。加盖"县长之章"。背面有"日照县财政监察委员会"印章。

  该券由日照县保安司令尹升五组织发行，是抗战时期鲁苏战区地方各部发行的"土杂钞"之一。

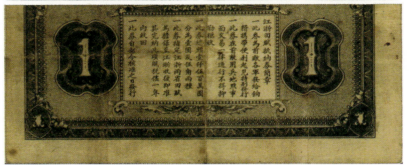

田赋抵纳券

　　江浙田赋抵纳券民国十六年（1927）壹圆券。

　　该券是国民政府部为支持在江浙作战的北伐军而发行的。正面："国民政府财政部"，"江浙田赋抵纳券"，"壹圆"，"中华民国十六年　月　日发行"，"国库主任竺芝珊"，"认券不认人"。背面："江浙田赋抵纳券简章：一、此券为前敌各军发给饷粮携带便利起见特别发行；二、此券在前敌用兵地区市面交易，一律通行，不得抑勒拒收；三、此券总额壹仟伍百万圆，分为壹圆及伍角两种；四、此券指定江浙两省田赋为担保，至江浙收复，即准其完纳。此项赋税尽一年内收回；五、此券自部令核准之日发行。"

田赋预借券

　　山东省高密县田赋预借券民国二十六年（1937）壹圆券。

　　票面文字："民国二十七年第一期"，"高密县田赋预借券"，"金额壹圆"；"查本县奉命筹解款伍万元，兹经第二十三次县政会议决，遵令发行田赋预借券，照数筹借，俟二十七年第一期田赋开征后，准其完纳该期田赋"；"县长"，"曹梦九印"；"第　区区队长"；"民国二十六年十月印发"。

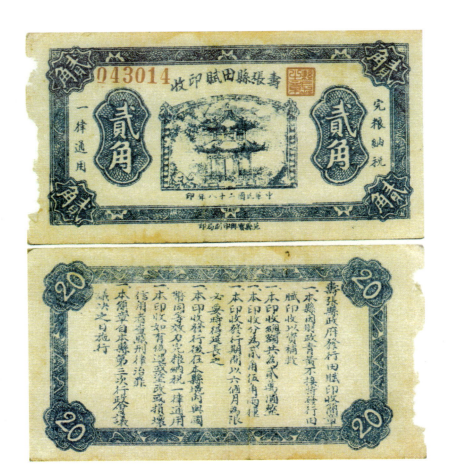

田赋印收

　　山东省寿张县田赋印收民国二十八年（1939）贰角券。

　　该券正面：“寿张县田赋印收”，“贰角”，“完粮纳税一律通用”，“中华民国二十八年印”，“范县实兴印刷局印”。背面：“寿张县政府发行田赋印收简章：一、本县因财政青黄不接，特发行田赋印收，以资补救；二、本印收总额共为贰万圆整；三、本印收分为贰角、伍角两种；四、本印收发行期间，以六个月为限，必要时得延长之；五、本印收发行后，在本县境内与国币同等效力，完粮纳税，一律通用；六、本印收如有伪造或涂改或损坏信用者，查照刑律治罪；七、本简章自本县第三次行政会议议决之日施行。”

难民垦植田亩贷款证

　　广东省增城县各区难民垦植田亩贷款证民国三十一年（1942）贰圆伍角券。

　　该券正面注"增城县长黄恩沣"。背面："增城县各区难民垦植田亩贷款办法：第一条，为救济省府移送难民，使之开垦荒地，举办田亩贷款，以作难民垦植之用。第二条，凡属县内之田亩，均有贷款义务，并由业主负责。第三条，田亩贷款定为耕地，每亩贷款中储券贰元五角。其畸零之数，如在五分以下者，免予贷款；在五分以上不足一亩者，作一亩计。第四条，此项田亩贷款，由县政府制备凭证，发由各区垦植委员会，向区内田亩业主征收，但佃户收代业主缴交之责。佃户得将凭证交回业主抵扣租金。第五条，此项田亩贷款，限于难民垦植，不得移作别用。第六条，各区垦植委员会，应于每月月底，将该月收得贷款数目，列表呈报县政府，查核转呈财政厅备案。第七条，此项田亩贷款，系属慈善性质，不计利息。第八条，此项田亩贷款，自各区垦植委员会成立后六个月起，分区在垦植收获纯利益项下，拨出百分之六十，留作难民耕作时期给养费；其余百分之四十，悉数拨还原贷主，并以抽签方法归还，先抽得者先还。每半年照上办法归还一次，至还满为止。第九条，此项田亩贷款之收集、使用、摊还，均由各区垦植委员会负责办理，县政府随时派员监督稽核。第十条，本办法如有未尽事宜，得随时呈请省政府修正之。第十一条，本办法自呈奉省府核准之日公布施行。"

旱灾救济流通券

山西省闻喜县旱灾救济流通券民国十八年（1929）壹圆券。

背面发行简章："一、此券定名为闻喜县旱灾救济流通券；二、此券与通用现洋无异，得以流通市面；三、此券凡公私交易，均不得折扣，如有违犯，共同议处；四、此券俟丰收后即行收回，不再周使；五、此券以县地方收入各款为担保；六、此券分一角、二角、五角、一元、二元、五元票六种；七、此券如遇县长、公款局经理卸事时，应归继任之县长、经理负责办理。闻喜县县长李兆麟，闻喜县公款经理杨德俭，闻喜县赈务分会常务委员刘衍庆。"

水灾协赈会

    辽西水灾协赈会民国二十年（1931）赈灾奖券壹圆。

    1931 年 5 月辽西地区发生水灾，张学良夫人于凤至组织发行赈灾奖券。该券发行额为现大洋五万元，分为五万张，每张现大洋一元。奖券售得券价专为辽西水灾急赈之用。该奖总计奖品一百号，第一号奖汽车一辆（价值一万一千元），第二号奖沈阳商埠地皮一亩（价值二千元），第三至十四号奖沈海路地皮一亩（价值三百元）。除上列各号外，瓷器、字画古玩等不及备载，其总价值约占奖额百分之三十七。如有涂改号码或字迹污染、残缺概不付给奖品，得奖者自开奖后两个月不来领取，即将所得之奖品拍卖助赈，开奖日期民国二十年五月一日。

赈灾流通券

　　山西省夏县赈灾流通券民国十八年（1929）壹圆券。

　　民国十八年（1929）山西晋南旱灾严重，金融枯竭，民不聊生。为救济灾民，特发行此券，以度灾年。此券完粮纳税，购各种生活用品，一律通用。

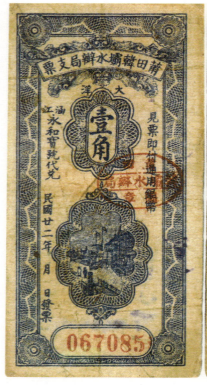

水办局支票

　　福建省莆田韩坝水办局民国二十二年（1933）大洋壹角券。

　　因韩坝年久失修，莆田韩坝水办局为建闸排洪，向莆田县政府申请发行纸币，以筹集资金，并请涵江永和商号作为发行纸币准备金的担保人。民国二十二年（1933）春天，该局发行壹角、贰角、伍角三种支票，发行数量约为5000元。支票发行近一年，仍不见韩坝水闸门动土兴建，群众遂持票到韩坝水办局和永和商号要求兑换。因无准备金而不能兑现，莆田韩坝水办局和永和商号受此牵连，宣告倒闭。

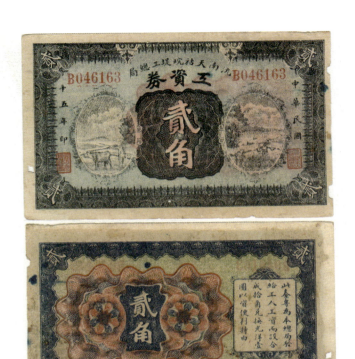

垸堤工总局工资券

湖南省沅南天祐垸堤工总局民国十五年（1926）工资券贰角。

该券正面："沅南天祐垸堤工总局"，"工资券"，"贰角"，"中华民国十五年印"。背面："此券专为本总局发给工人工资而设，合成拾角，兑换光洋壹圆，以资便利，特白。"

垸是湖南、湖北等地在湖泊地带挡水的堤圩，亦指堤所围地区。垸堤工总局为县属机构，负责防汛事宜，农闲时组织群众兴修水利，加固堤防。垸堤工总局下设若干包头，包头下再设棚头，每棚工人二三十人。局总常利用防汛之机挪占公款，事务费与工程费的比例，常是百分之九十与百分之十的相差，对佃户及工人的剥削极为明显。湖南垸堤大都为民堤，采取官督民修、酌量贷款之法。垸首包办民堤，取之于垸户者甚重，用之于堤工者甚鲜，大都中饱自肥。工程之款常摊派各户，垸民苦不堪言。

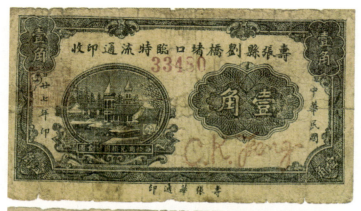

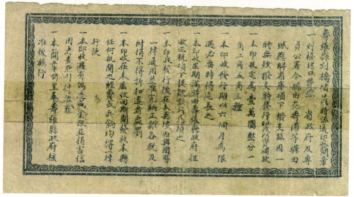

堵口临时流通印收

　　山东省寿张县刘桥堵口临时流通印收民国二十七年（1938）壹角券。

　　发行简章："一、刘桥堵口费经省政府及专员公署令县由范、寿、阳等县田赋应解省库项下拨支，兹因一时无款拨支，特发行印收，以资补救；二、本印收定为壹万圆整，分一角、二角、五角三种；三、本印收发行期以六个月为限，遇有必要时得延长之；四、本印收届期满时由寿张县政府正税项下提款设所兑换之；五、本印收发行后在本县境内与国币一律通用，并准完纳正杂各税及附捐，不得折扣，违者处罚；六、本印收在届收回期间，发放本县任何机关之经费或兵饷，均得一律行使；七、本印收遇有伪造或涂改并损害信用者，查照刑律治罪；八、本简章自呈奉寿张县政府核准后施行。"

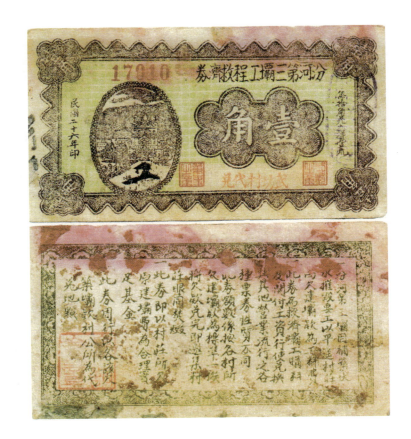

汾河第三坝工程救济券

山西省平遥县汾河第三坝工程民国二十六年（1937）救济券壹角。

该券正面："汾河第三坝工程救济券"，"壹角"，"民国二十六年印"，"每拾角兑大洋壹元"，"北官地村代兑"，加盖"弎壩之章"和"董事之章"。背面发行说明："一、汾河第三坝因补筑伏水摧毁要工，以平遥村庄尚欠建坝款为工料费；二、此券为救济坝工购料及开付工资行使兑换，与其他营业流行之各种票券性质不同；三、此券额数系按各村所欠建坝款为标准。一俟将欠款兑完，即邀集村庄眼同焚毁；四、此券即以村庄所欠原建坝费为合理实足基金；五、此券周行以各该欠筑坝款村公所为代兑地点。"

水机灌田厂

　　山西省襄陵县临襄水机灌田厂民国二十四年（1935）贰角券。

　　该券正面："襄陵县"，"临襄水机灌田厂"，"代兑处通益久"，"西北印刷厂制"。背面："贰角"（英文），"1935"。加盖"临襄水机灌田厂印记"。

　　山西全省为冲积层黄土所覆盖，如干旱数日则表土干燥，遇风飞扬，且降雨少，年年饱受干旱之苦。为了争几分收成，当地农民只好地头打井，往往是几名农夫和一头驴子整天围在井边提水浇灌，也不能满足禾苗需要。水机灌田厂的成立，大大解放了劳动力，为年底收成增加了保障。

各村浇地工程救济券

山西省平遥汾河上游各村浇地工程救济券民国二十六年（1937）贰角券。

此券以救济各村浇地工程及充实民生为主旨，以各村地亩内应负担浇地工费款为标准额数。此券专为救济浇地工资工料费行使，与其他营业流行之各种票券性质不同。此券以各村应起浇地工料的款为十足兑换合理基金，以汾河上游各村联合负责维持信用，较他券巩固。此券以联合各村公所为负责代兑地点。

食粮兑换券

  山东省诸城县第三区民国三十一年（1942）食粮兑换券壹圆。

  该券背面加盖"诸城县第三区食粮调剂委员会"印章。另有诸城第三区食粮兑换券民国三十一年伍圆券，背面为英文"诸城县第三区食粮兑换券"。

  抗战期间，因滥发纸币，致物价飞涨。国民政府为摆脱财政困境，将田赋按战前的粮价，由原来的征货币改征实物；后又贱价征购粮食，但不全部付现金，只搭发粮食库券。随后各地方也效仿发粮食兑换券。

屯垦督办办事处

　　绥区屯垦督办办事处合作社支付券民国二十六年（1937）伍圆券。

　　绥远省于民国十七年（1928）建省。1930年，傅作义军移防绥远，因当地农业落后，百姓生活困苦，流民甚多，便提出自力更生之策，以解决地方经济及部队给养。先向军需处筹借军饷，以低息借贷给农民开垦，又命令部队协助农民耕作，解决当地民生。卢沟桥事变爆发后，绥远省包头、归绥等在同年10月沦陷，此券便停止流通。

粮谷交易存款证

　　黑龙江省克东县粮谷交易存款证民国三十五年（1946）拾圆券。

　　该券"中华民国三十五年印"，券面规定"此证一圆兑换市面通行纸币一圆"。

　　1946年秋，克东县为了解决购粮资金问题，经黑龙江省政府批准，发行粮谷交易存款证，面值拾圆、壹百圆两种，在本县境内购买粮食时使用。在流通中，深受群众信赖。当地老百姓售粮不要东北银行券，而愿意接受存款证。邻近各县纷纷要求，黑龙江省政府特发布告：克东县粮谷存款证在全省境内流通使用。此属解放战争时期东北解放区代用券，流通近两年，后由黑龙江贸易局以物资全部收回。

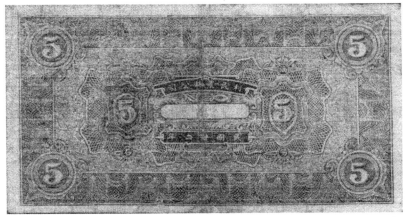

利民农林公司

　　福建省莆田县涵江笏石利民农林公司民国二十二年（1933）支票伍角。

　　该券正面："涵江笏石"，"利民农林公司"，"支票伍角"，"前下场"。背面："利民农林公司"，"民国廿二年"。

　　农林公司主要经营林木采伐、经济林种植、优良种子培育等业务。

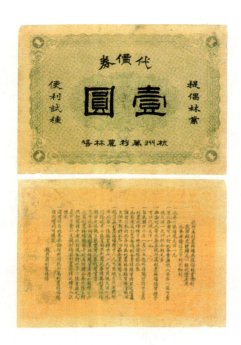

万利农林场

　　浙江省杭州万利农林场民国十二年（1923）代价券壹圆。

　　该券正面："提倡林业"，"便利试种"。背面："杭州万利农林场为提倡林业，便利试种起见，特赠送一种代价券，用此券者，请注意下列之细则：一、此券一张值现大洋一元；二、有此券者，可以将此券卖与他人，每券一张可卖现大洋一元，以酬介绍之劳；三、无论何人寄此券至杭州万利农林场购买种子，可以代现大洋一元；四、自民国十二年一月一日起，外埠购货诸君买万利农林场种子时，必须附搭此券；五、此券系万利农林场酬答各埠购货诸君之赠品，诸君只能持此券向万利农林场购买种子代现大洋，不能持此券向万利农林场兑现；六、购买万利农林场种子六元，可用现大洋五元附搭此券一张；购买种子十二元，可用现大洋十元附搭此券二张（多则照加）。因此券系万利农林场赠出之品，故不能尽用此券代替货价；七、凡寄此券向万利农林场购货者，譬如购种子六元，万利农林场发种子时，再附赠此券六张（多则照加）。购种子者收到后，若将此券六张卖与他人，是可不费一文钱即得万利农林场之种子而试种之；八、诸君保存此券，无论何时向杭州万利农林场购种，代价均可有效。杭州万利农林场。"

自由农场

上海自由农场 1961 年牛奶代价券贰角。

该券正面："上海自由农场"，"THE LIBERTY DAIRY"，"代价券"，"贰角"，"A牛奶"，"每本三十张每张二角"，"此券不得兑换银洋"。背面："送奶五班"，后印有九人姓名。

代价券是民国时期在零币缺乏时由工商企业内部发行的代替国币的找零券。建国后的代价券，有赠券的作用，作为奶场促销的手段，对销售大户赠送。

兑换土货券

　　山西省太原经济建设委员会民国二十四年（1935）兑换土货券壹角。

　　该券是阎锡山推行"物产证券说"的产物，是其为实施"山西省政十年建设计划"，发展官僚资本和公营工厂，大力提倡使用土货而发行的一种纸币。民众可用该票购买粮食、棉花、药材等土特产品，以及百货、生金银等。人民可拿值一元钱的货物等值兑换土货券，但待到人民用土货券买货物时，需加百分之二十到三十五的手续费，此举使人民的生活苦不堪言。

十、粮油食品

粮油食品等行业,在民国时期亦大量发行临时性货币,多以辅币券为主。这些行商包括粮店、米号、油房、皮行、盐局、醋店、饼家、鱼行、饭店、酱园、烧锅、粉坊、糟坊、茶业、酒庄、面粉公司、面包公司、冷饮公司等。行商发行的货币,名称有"流通券、代工券、代价券"等。它们流通范围有限:流通券仅限于单一市场,如茶市流通券;代工券只用于支付工资,如粮行代工券;代价券则只充当市场找零之用。票券类型有铜元券和银元票两种(角票是银元辅币券)。这些临时性票券,有的在市场上作现洋使用,保证随时按市价兑现;有的仅限于某家商店购物,不能兑现;有的则是规定限期兑现;有的则要求凑足整数方可兑现。

货币职能,千差万别,一般由发行商号的信誉而定。就钱票受群众欢迎程度论,却与所售商品相关。粮油食品是日用消费品,在数量、品种、交易频繁度上居各商品之冠,这类商号钱票在市面尤多,但细分之,则仍有差异。如售卖主食的米粮店,因销售量大、周转快,其钱票自然最受欢迎;盐号、油坊等发行的钱票则次之;醋店、酱园等则又次之。至于茶业及鲜咸鱼业等发行的钱票,因交易有限而流通不畅,必须靠联合发行,于是才有茶市联合流通券、鲜咸鱼业联合办事处代价券。

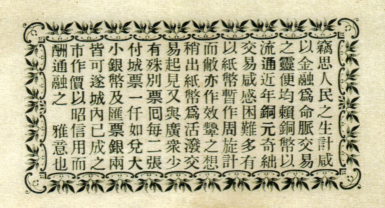

双裕福粮店

山东省蓬莱城东双裕福粮店民国十九年（1930）伍佰文券。

该券正面："蓬莱城东塌地桥"，"双裕福粮店"，"伍佰文"。背面："窃思人民之生计，咸以金融为命脉，交易之灵便均赖铜币以流通。近年铜元奇绌，交易咸感困难，多有以纸币暂作周旋计。而敝亦作效颦之想，稍出纸币为活泼交易起见，又兴广众少有殊别，票回每二张付城票一仟，如兑大小银币及汇票银两，皆可遂城内已成之市作价，以昭信用而酬通融之雅意也。"

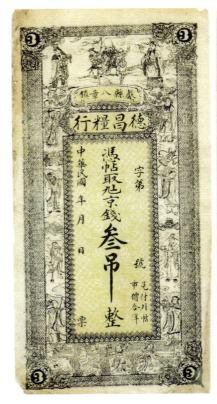

德昌粮行

河北省献县八章镇德昌粮行民国时期凭帖取旭京钱叁吊。

粮行是专门收购、贩运粮食的商行，不仅有店铺，还有粮食存储的仓库。粮行夏秋收获季节大量收购粮食，冬春时节再高价卖出，以此赚取季节价差；或者远销外地赚取地区价差。前者一般叫旱市，后者多称河市，即设于码头附近。河市交易量较大，大粮行还有固定的运输船。德昌粮行位于献县八章镇，"凭票取旭京钱叁吊整"即指九六折京钱叁吊整。该票的用途是"兑付外帖，市价合洋"，既可以兑换成外票，也可按市价折合成银元。

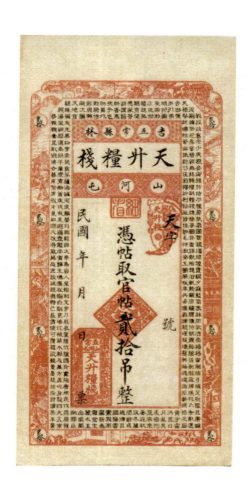

天升粮栈

  吉林省五常县山河屯天升粮栈民国时期凭帖取官帖贰拾吊。

  该券正面:"吉林五常县","天升粮栈","山河屯","凭帖取官帖贰拾吊整","民国 年 月 日",加盖"天升栈"商号章和"五常山河屯天升粮栈"落款章,四周印《千字文》。

  粮栈与粮行相似,是从事粮食收购及异地贩运的商号。粮栈面积一般比粮店大,不仅有堆放粮食的栈房或仓库,临街还设有铺面。内地粮栈较大者,拥有骡马等驮运队;水运码头旁的粮栈则有运粮船队。

花粮行

　　江苏省东台县大中集公正丰花粮行民国时期代工券贰角。

　　该券正面："公正丰花粮行"，"代工券"，"凭票兑换国币"，"大中集"。背面："说明：一、因辅币缺乏，以本券为发给工资找零之用；二、本券分五分、一角、二角、五角四种；三、积满本券二十五张掉换国币五元。"

　　花粮行是经营棉花及粮食的商行，一些较大的花粮行还兼营货币存贷业务，并发行钱票。该代工券作为工资之一部分发给本行员工。

复康米号

　　江西省九江复康米号民国十七年（1928）当拾铜元壹伯枚。

　　九江自古就是中国的四大米市之一，九江米市鼎盛时期约有一百二十家，主要由三个帮派经营：一是广东帮，二是南昌帮，三是本地帮。复康米号是广东帮的米号，资本雄厚，在本地收购粮食，远销广州、香港，同时还兼作钱庄生意。

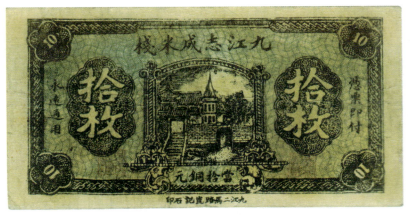

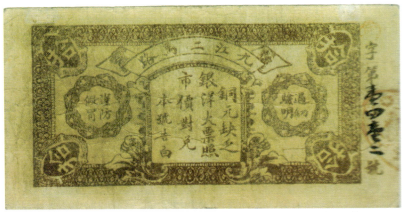

志成米栈

　　江西省九江志成米栈民国时期当拾铜元拾枚。

　　该券正面："九江志成米栈","凭票即付永远通用","当拾铜元"。背面："九江二马路","铜元缺乏,银洋大票照市价对兑"。

　　米栈主营大米收购与加工,常发行铜元票收购米粮或作为售米的零钱找补。因市面缺少铜元,持铜元票者可照市价兑取银洋,亦可以票再次购米。

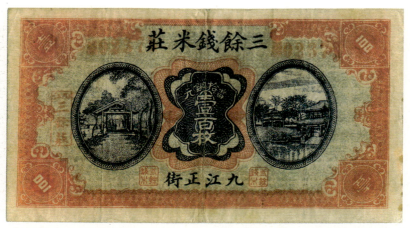

三余钱米庄

　　江西省九江三余钱米庄民国十五年（1926）当拾铜元壹百枚。

　　该票正面："九江正街"，"三余钱米庄"，"当拾铜元壹百枚"。背面："过细验明"，"谨防假冒"，"民国十五年即月即日发行"，"九江商裕印务馆代印"。

　　有些米庄还兼营银钱兑换，并借此发行银钱票，与米业互补，以扩大经营。

义德油店

  河北省束鹿宋村义德油店民国二十八年（1939）贰角券。

  该券正面："束鹿宋村"，"义德油店"，"贰角"，"凭票即付"，"一律兑现"，"民国二十八年印"。背面："每拾角换壹元"，"调剂金融，夜不兑换"。

  油为生活必需品，既可食用，亦可用于照明。油店发行的钱票，流通较广。油店规定一律兑现，但条件是积成壹圆以上，零角不兑。

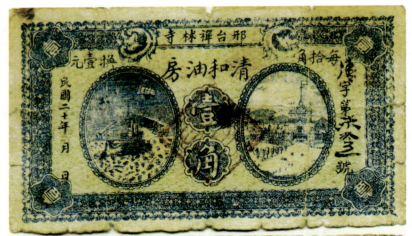

清和油房

　　河北省邢台禅林寺清和油房民国二十年（1931）壹角券。

　　该券正面："邢台禅林寺"，"清和油房"，"壹角"，"民国二十年　月　日"，"每拾角换壹元"。背面："留神细看"，"夜不兑换"，"通用兑换券"。

　　禅林寺位于冀家村中部，地处太行山区，禅林寺是村，不是寺（庙）。

茂盛油坊

茂盛油坊民国十七年（1928）壹吊。

该券正面："茂盛油坊"，"壹吊"，"改换新板"，加盖"茂盛油坊"和"王海山印"印章，"民国十七年印"。背面："谨防假造"（英文），"见票即兑"（英文），"灯下不付"。

油坊，亦称油房，是榨油的作坊。油坊榨油多为副业，常在秋后开工，员工是男性劳力。榨油以芝麻、葵花、油菜籽、花生、大豆、棉籽等为原料，榨油后所剩渣子为饼，如豆饼、棉籽饼等，都是较好的饲料和有机肥料。所产油既可食用，亦可用于点灯照明。民国初年，一般采用木制榨油机，20年代后期大都采取螺旋和水压式榨油机。大油坊生产食用油、照明油、工业用油等。

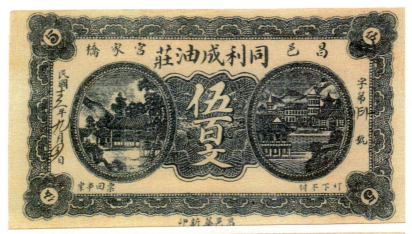

同利成油庄

　　山东省昌邑宫家桥同利成油庄民国十三年（1924）伍百文券。

　　该券正面："昌邑宫家桥"，"字第　　号"，"灯下不付票回串票"，"民国十三年九月四日"，"昌邑华新印"。背面："伍百文"。

　　油庄的规模较油店为大，且附有油料加工作坊。油庄发行铜元票，以数百文为面值，收回兑现时要求积成串票，壹串以下不予兑现。

永泰油皮行

　　河南省清丰县永泰油皮行民国时期凭票取大钱贰仟文。

　　钱票正面:"清丰县西大街","永泰油皮行","凭票取大钱贰仟文","灯下不付概不挂号","民国年　月　日票","清丰义新成印"。背面:"留神细看","贰"。

　　该票用于民国初年,大钱一枚当铜元二十文,贰仟文即壹百枚大钱。到30年代初,钱票普遍不再兑现。油皮行是既做油料生意又做皮货生意的商行。

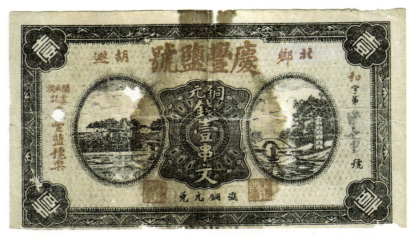

庆丰盐号

　　湖南省平江县北乡庆丰盐号民国时期铜元钱壹串文。

　　该券正面："北乡胡避","庆丰盐号","铜元钱","壹串文","准铜元兑"。背面："铜元钱","壹串文"。

　　民国初年,政府掌控食盐买卖,有严格的运销制度。主要由政府统一发售运销许可证(俗称"盐引"),只有获得盐引的经销商才可以采购并销售食盐。因此盐号的利润较一般商号为高。

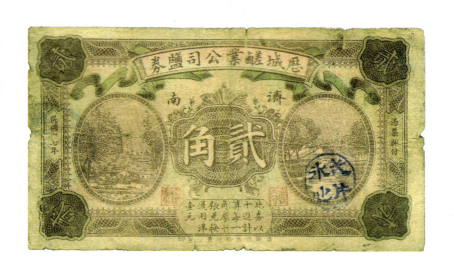

鹾业公司盐券

  山东省济南历城鹾业公司民国十七年（1928）盐券贰角。

  鹾业即盐业。我国盐业发展较早，战国时已有盐商出现，到清代，盐法大体沿袭明制。产盐之地有蒙古、新疆、长芦、奉天、山东、两淮、浙江、福建、广东、四川、云南、河东、陕甘等。各区生产的盐有固定的行销地点，如山东的盐行销山东、河南、江苏、安徽四省。食盐行销方法有七种，即：官督商销、官运官销、官运商销、商运商销、商运民销、民运民销、官督民销，其中官督商销方法流行最广，使用最久。盐商买盐，先要到各省官府领取盐引，然后到盐场按引买盐（引有大小之分，一般大引四百斤，小引二百斤），再运盐到指定区域内贩卖，并按引向官府交纳盐课（盐税）。

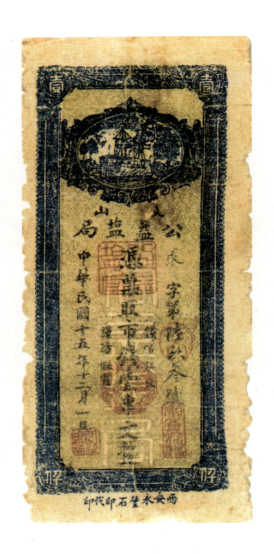

公益盐局

　　陕西省岐山公益盐局民国十五年（1926）凭票取市钱壹串文。

　　该券正面："岐山"，"公益盐局"，"凭票取市钱壹串文整"，"壹仟"，"中华民国十五年十二月一日"，"西安永丰石印代印"。

　　公益盐局为官府管理的销售食盐的机构，盐号则多由取得食盐专卖权的私商经营。

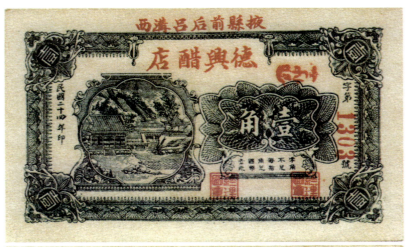

德兴醋店

　　山东省掖县德兴醋店民国二十四年（1935）壹角券。

　　该券正面："掖县前后吕沟西"，"德兴醋店"，"壹角"，"零角不兑，每拾角兑国币壹元"，"民国二十四年印"。

　　30年代，山东各县商号发行的角票，多规定"零角不兑，每拾角兑国币壹元"，说明市面缺乏铜元，角票主要为找零方便。

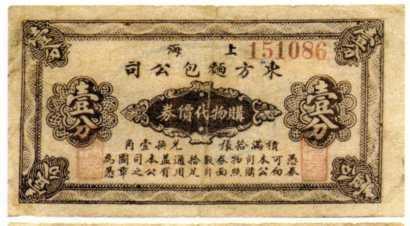

面包公司

上海东方面包公司民国时期购物代价券壹分。

该券正面："上海东方面包公司"，"购物代价券"，"壹分"，"凭券可向本公司购物，照券面数目拾足通用，盖有本公司之图章为凭"，"积满拾张，兑换壹角"。

背面："法租界圣母院路七十一号"，加盖"上海东方公司图章"。

代价券在上海广泛使用约在 1939 年以后。

面粉公司

  山东省济宁县济丰面粉公司民国十二年（1923）伍圆券。

  该券正面："山东济宁"，"济丰面粉公司"，"伍圆"，"民国十二年发行工资券，凭付通用大洋"，"财政部印刷局制印"。

  该券是济丰面粉公司给员工发工资时搭发的内部货币，只能在本公司内购物消费，不能流通市面。

荃香饼家

上海市荃香饼家民国三十一年（1942）临时代价券伍角。

该券正面："荃香饼家"，"临时代价券"，"伍角"，"此券只可换取食品作用，不得兑现"，"盖有图章硬印为凭，涂改破烂作废"，"中华民国卅一年印"。背面："本券临时通用处，概以旧法币为标准"，"怡红酒家，南京路七四八号"，"公义杂货号，浙江路天津路口四百〇八号"，"公泰杂货号，梅白格路一百十一号"，"民生杂货号，海格路七十一号"，"多男饼家，西摩路南洋路一号"，"海一斋，法界恺自迩路壹百五十七号"，"老广东饭店，法界爱多亚路自来火街口"，"联益杂货号，虹口蓬路六八五号铁马路小菜场对过"。

新华挂面店

山东省郓邑新华挂面店民国二十八年（1939）陆分券。

该券正面："郓邑南四十五里马尹庄"，"新华挂面店"，"陆分"，"民国二十八年"。背面："零角不兑，灯下不付"，"每拾角兑国币壹圆"。

郓城在山东省西南部，地处黄河冲积平原，属暖温带半湿润气候，主要农作物是小麦，因此面食加工业比较繁荣。

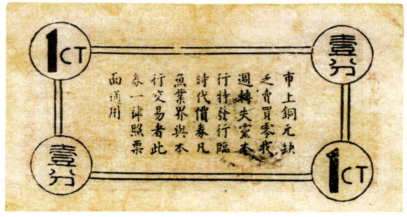

锦泰鱼行

　　上海锦泰鱼行民国时期临时代价券壹分。

　　该券正面："锦泰鱼行"，"临时代价券"，"壹分"，"凭本行红色图章通用"。背面："市上铜元缺乏，买卖零找周转失灵，本行特发行临时代价券，凡鱼业界与本行交易者，此券一律照票面通用。"

　　该券为上海1940年前后的代价券之一种。

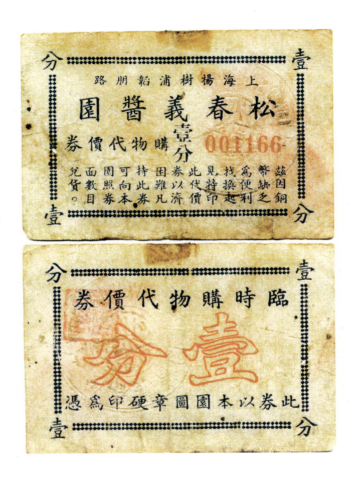

松春义酱园

　　上海松春义酱园民国时期临时购物代价券壹分。

　　该券正面:"上海杨树浦韬朋路","松春义酱园","购物代价券","壹分","兹因铜币缺乏,为便利找换起见,特印此代价券,以济困难。凡持此券,可向本园照券面数目兑货"。背面:"临时购物代价券","壹分","此券以本园图章硬印为凭"。

　　商号发行代价券,一是用于找零,二是照数兑货,即以酱园所售商品收回发出之券,以达促销之效果。

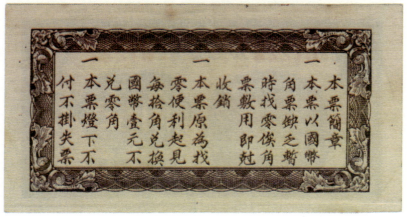

乡村便吃坊

　　山东省濮县乡村便吃坊民国二十五年（1936）壹角券。

　　便吃坊就是街边的小吃店，该店开在山东濮县城内北街路东。票背面有本票简章："一、本票以国币角票缺乏，暂时找零。俟角票敷用即尅（刻）收销；二、本票原为找零便利起见，每拾角兑换国币壹元，不兑零角；三、本票灯下不付，不挂失票。"

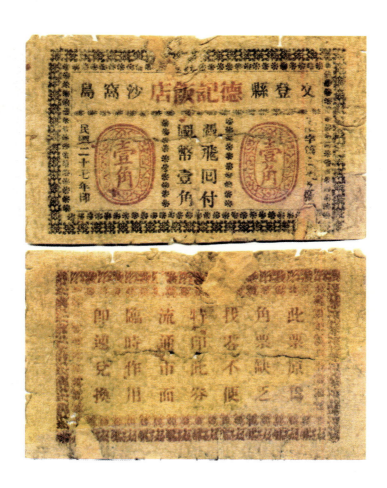

德记饭店

　　山东省文登县德记饭店民国二十七年（1938）壹角券。

　　该券正面："文登县沙窝岛"，"德记饭店"，"壹角"，"凭飞回付国币壹角"，"民国二十七年印"。背面："此票原为角票缺乏、找零不便，特印此券，流通市面，临时作用，即速兑换。"

　　唐代的汇兑取票方式是"合券乃取之，号飞钱"，"凭飞回付"乃是沿用唐代对钱票的称呼。

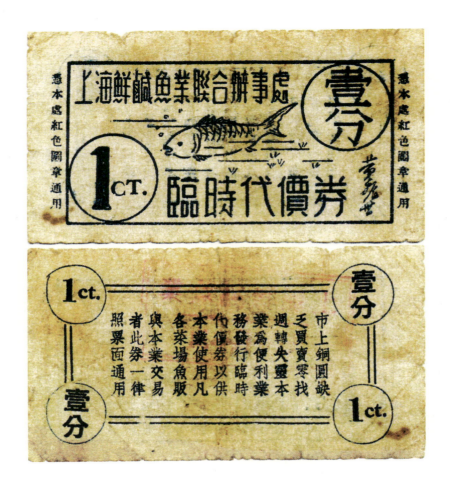

鲜咸鱼业联合办事处

  上海鲜咸鱼业联合办事处民国时期临时代价券壹分。

  该券正面："上海鲜咸鱼业联合办事处""临时代价券""壹分""凭本处红色图章通用""黄振世"签名。背面："市上铜圆缺乏，买卖零找周转失灵，本业为便利业务，发行临时代价券，以供本业使用，凡各菜场鱼贩，与本业交易者，此券一律照票面通用。"

  鲜咸鱼业联合办事处就是渔业公会组织，其所发行的代价券，用于同业之间交易，方便结算。

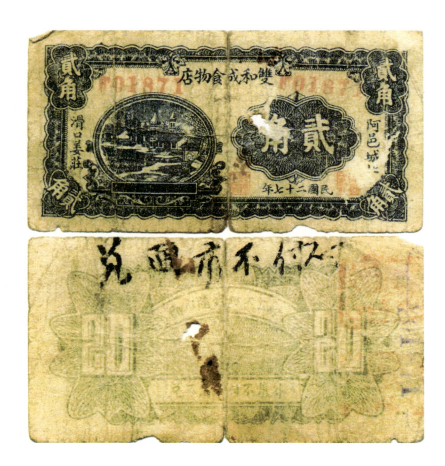

双和成食物店

　　山东省阿邑双和成食物店民国二十七年（1938）贰角券。

　　该券正面："阿邑城北"，"滑口姜庄"，"双和成食物店"，"贰角"，"民国二十七年"。背面："外集不付，零角不兑。"

　　食物店按现代说法就是食品店，主要经营熟食、小食品、水果、蔬菜，以及最常用的油、盐、酱、醋、茶。

福义粟店

山西省岱岳福义粟店民国二十四年（1935）壹角券。

该券正面："岱岳"，"福义粟店"，"救济市面，补助金融"，"每拾角兑壹圆"，"民国廿四年印"。背面："福义粟店"（拼音），"民国二十四年印"（拼音）。"北平门框胡同宝增印刷局印"。

粟就是谷子，去皮后就是小米了。

德隆牛肉庄

　　上海德隆牛肉庄购物代价券壹角、贰角。

　　票面文字:"凭券可在本庄购物,照券面数目兑货。券面盖有本公司之图章及签字为凭。"

　　牛肉庄以加工、贩卖酱制牛肉、牛心、肝、肠、肚等熟食品为主,兼营其他调料、酱菜等业务。

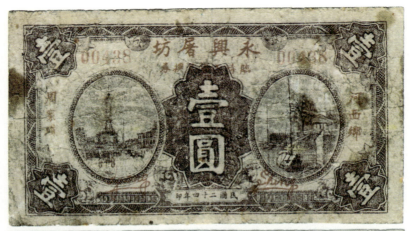

永兴屠坊

  湖南省平江河西乡永兴屠坊民国二十四年（1935）临时工资兑换券壹圆。

  该券正面："河西乡周家铺"，"永兴屠坊"，"临时工资兑换券"，"壹圆"，"民国二十四年印"。

  屠坊就是屠宰猪、牛、羊等牲畜的作坊，除屠宰外，还兼营收购、运输、加工、贩卖等业务。

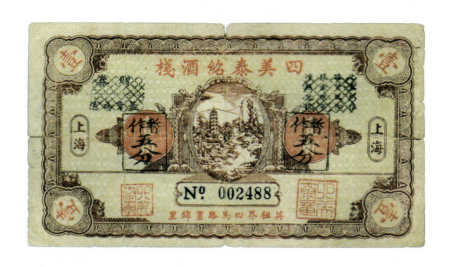

四美泰绍酒栈

上海四美泰绍酒栈民国时期壹角暂作五分券。

绍兴老酒历史悠久，相传战国时代就已负盛名，到了宋代才真正定名，明清时期才确定了黄酒之冠的地位，1915 年在美国旧金山举办的巴拿马万国博览会上获得金奖，1929 年在杭州博览会上荣获金奖，之后在国家历次评酒会上都有金奖获得，1988 年被列为国宾馆唯一国宴专用酒。上海四美泰绍酒栈是专营绍兴老酒的分店，开在英租界四马路画锦里。

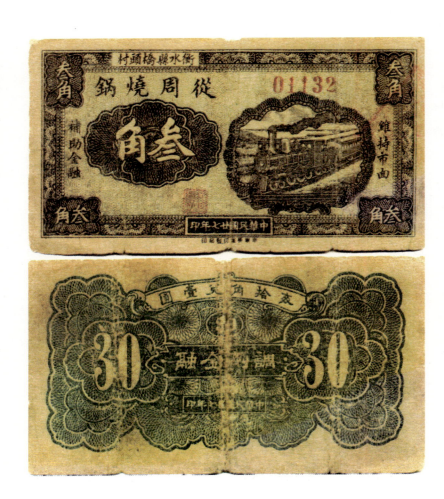

从周烧锅

河北省衡水县从周烧锅民国二十七年（1938）叁角券。

该券正面："衡水县桥头村"，"从周烧锅"，"叁角"，"维持市面，补助金融"，"中华民国廿七年印"。背面："每拾角兑壹圆"，"调剂金融"。

烧锅，指民国时酿酒的作坊，衡水县烧锅酒在当时远近闻名。现在的衡水老白干是国内的名牌产品。

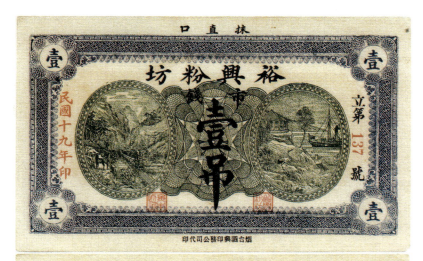

裕兴粉坊

　　山东省登郡城东裕兴粉坊民国十九年（1930）市钱壹吊。

　　该券正面："抹直口"，"裕兴粉坊"，"市钱壹吊"，"民国十九年印"，"烟台泗兴印务公司代印"。背面："登郡城东"，"认票不认人"，"灯下不付"。

　　粉坊，指生产粉条、粉丝制品的作坊。市钱，为私铸钱，与官钱相对，形制、成色不一，因流通市面，故曰市钱。常由殷实商号店铺、钱庄银号、机关团体等私下铸造，以其资产作抵，仅限于一定区域及时间内流通使用或兑付，凭信誉流通于市。

冷饮公司

　　上海新大冷饮公司民国时期代价券壹分。

　　该券正面:"新大冷饮公司","代价券","凭券向本公司总支二店购食冷饮品者,不折不扣,惟以有本公司图章为凭"。

　　冷饮公司是上海开埠后发展起来的新兴行业,过去到娱乐场所只是吃点茶食、干果之类,开埠后吃的是洋酒罐头、汽水果汁、冷饮等。

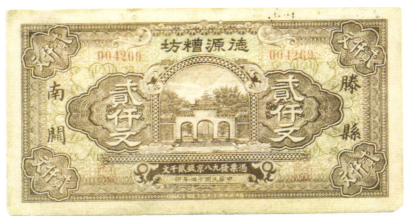

德源糟坊

　　山东省滕县南关德源糟坊民国十四年（1925）贰仟文券。

　　该券正面："滕县南关","德源糟坊","凭票发九八京钱贰千文","中华民国十四年印"。背面为正面文字对应的英文。

　　糟坊，或叫糟房、烧坊，实际上就是烧酒的作坊，有实力的糟坊还有酱园、豆腐坊，自己酿酒、制酱、生产豆制品等。

　　京钱，清末民初在北京、山东、河北等地使用，一千文合制钱五百文，且常用短陌制，如九八京钱合制钱四百九十文。

人和泉酒庄

　　山西省介休县人和泉酒庄民国二十六年（1937）壹角券。

　　该券正面："介休县洪相村"，"人和泉酒庄"，"壹角"，"每拾角兑大洋壹元"，"中华民国二十六年印"，加盖"人和泉记"和"经理之章"。背面空白。

　　酒庄，是从事酒类批发及销售的商号，常附设糟坊，自己酿造白酒、黄酒等各种酒类。有的还兼营饭店。

福祥酒店

　　山东省定陶县福祥酒店民国二十八年（1939）壹角券。

　　该券正面："定陶县城里"，"县前街路南"，"福祥酒店"，"壹角"，"民国二十八年印"。背面："零角不兑"，"灯下不付"，"每拾角兑国币壹圆"。

　　酒店，指专售酒类的商店，或泛指饭店。其规模较酒庄为小。

茶业临时兑换券

　　湖南省桃源县民国二十一年（1932）茶业临时兑换券壹圆。

　　该券正面："桃源沙坪"，"茶业临时兑换券"，"壹圆"，"民国廿一年"，"谨防假票"。背面发行简章："敬启者：我国出产丰富而商业不振者，实由经济落后也。故欲求出产之销畅，须图商业之发展；欲图商业之发展，端赖金融之活泼。窃桃源西南一带，山多田少，道路崎岖，居民生计多倚茶业出口为大宗。同人等因有见及此，力求振兴，以裕国稞而厚民生。每当春季入山采办，恒苦金融、运输梗塞，交易甚感困难。兹为便利周转起见，乃发行茶业临时兑换券，在产茶地方一律作现洋行使，爰储充分准备金随时兑现。所拟发行时期，以茶市关闭为起止。姑无论此项券洋发出多寡，届期即如数收回，暂时不过以维金融活泼之一助云。恕未周知统祈鉴诸。本主人谨启。"

茶业公司

　　江西省婺源福铉鼎茶业公司民国时期茶市流通券壹圆。

　　该券正面："婺源"，"福铉鼎茶业公司"，"茶市流通券"，"壹圆"，"赣皖苏浙闽湘鄂"，"每壹张兑大洋壹圆"。背面是"福铉鼎茶业公司"（英文），"婺源"（英文）。

　　该流通券为代用纸币，在茶叶旺季收购茶叶时作调剂资金不足之用。由票面文字可知，该流通券能在赣、皖、苏、浙、闽、湘、鄂等七省范围内收购茶叶时使用。

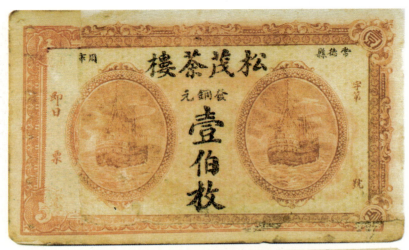

松茂茶楼

湖南省常德县周市松茂茶楼民国时期发铜元壹伯枚。

该券正面:"常德县周市","松茂茶楼","发铜元壹伯枚"。背面:"松茂茶楼"。

茶楼是顾客饮茶之所,有的还附设舞台、书场,常请曲艺名家现场表演,以招徕生意。

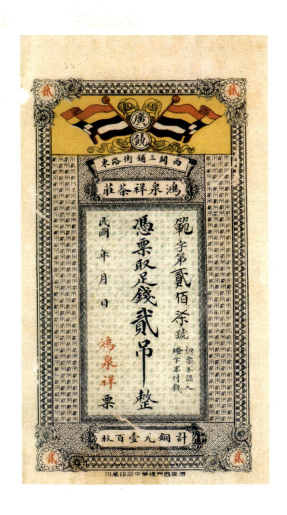

鸿泉祥茶庄

　　山东省广饶鸿泉祥茶庄民国时期凭票取足钱贰吊。

　　该券正面："广饶"，"西关三铺街路东"，"鸿泉祥茶庄"，"凭票取足钱贰吊整"，"范字第贰佰柒号"，"认票不认人，灯下不付钱"，"民国　年　月　日鸿泉祥票"，"计铜元壹百枚"，"济南西门里华中石印局印"。

　　茶庄是从事大宗茶叶的采购、批发与销售的商行。票面印制五彩旗表明是辛亥革命时期产物。

国泰茶室

上海国泰茶室民国时期代价券拾分。

该券正面:"国泰茶室","虞洽卿路四五一号","代价券拾分","本券概不兑现","只限本室通用","如有涂改及无本室硬印概作无效"。背面为正面主要文字的英文译文。

虞洽卿路存在时间为1936—1943年,该时期是上海代价券流通最疯狂的时期。

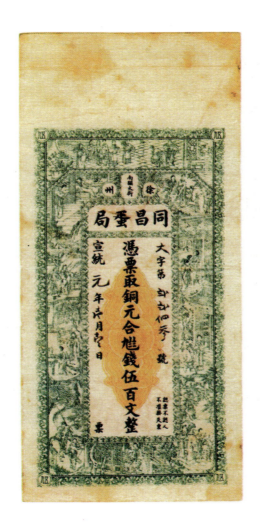

同昌蛋局

　　江苏省徐州同昌蛋局宣统元年（1909）铜元票伍百文。

　　该券正面："徐州南关大街"，"同昌蛋局"，"凭票取铜元合尴钱伍百文整"，"字第□□□□号"，"认票不认人，不准挂失票"，"宣统元年壹月壹日票"。

　　尴钱，即九八八钱。蛋局应该是收购、批发、贩运鸡蛋的机构，比蛋行、蛋厂规模大。

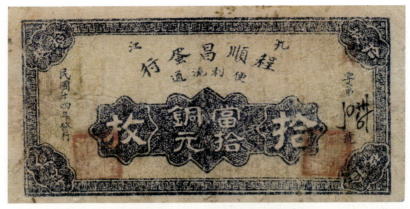

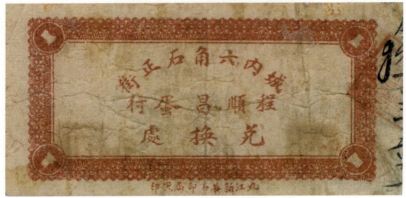

程顺昌蛋行

  江西省九江程顺昌蛋行民国十四年（1925）便利流通券当拾铜元拾枚。

  九江作为我国三大茶市、四大米市之一，其禽畜养殖业也相当发达。据记载，1900年日商就已经在九江府城西门外张官巷设立了"东京公司"，专门从事鸡蛋收购与加工。英商"太古洋行"在九江经营出口的商品以茶叶、陶瓷、皮革、鸡蛋为主。

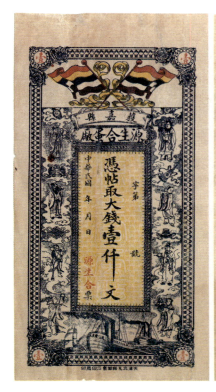

源生合蛋厂

河南省获嘉县源生合蛋厂民国时期凭帖取大钱壹仟文。

该票正面:"获嘉县源生合蛋厂","凭帖取大钱壹仟文","天津北马路华东石印局印"。背面:"获邑源生合","大钱壹千","失票不管,概不挂号","白镪赠君还赠我,青蚨飞去复飞来"(白镪指白银,青蚨指铜钱)。

十一、公司、厂矿

民国时期，公司、厂矿发行银钱票。其发行原因有二：一是代替铜元辅币流通市面，如规定"若大宗兑换，随大市作洋钱兑付，不得强逼铜元"，就反映了当时铜元缺乏、辅币不足的社会背景。二是资金不足，发行银票，为开矿及生产筹措资金。

公司、厂矿发行的银钱票种类有：工资券、工资证、兑换券、公司汇票、储蓄证、领款证、交股收据、支付券、换物证、购物代价券等。这些名称，有的看似与货币无关，但其实际作用与货币无异，如储蓄证可用作日常交易等。

由于发行者不同，其货币的职能差别也较大，有些工厂发行的票券，是"厂内通用纸币"；有的仅充当购货款，且只能够买特定商品；有的则流通较广，如"直隶完县质地局铜元票"，就可作"通用银元"，"见票即付"。其他如找零券等，虽约定"待零票充足，即行兑付"，但因规定积成整数兑现，实际流通中难以凑整，所以多数不能兑现，只能零星流通。发行者借此可以扩大资金周转。

公司、厂矿发行票券的主要作用是：第一，扩大资金来源，如交股收据、储蓄证等；第二，用作工资支付，如工资券、领款证等；第三，用以工厂、矿山内部的购物凭证，如换物证、购物代价券等。

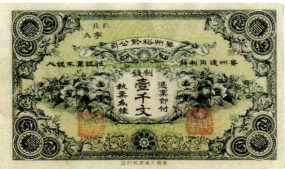

裕黔公司

贵州裕黔公司民国时期制钱壹千文。

该票正面:"贵州通用制钱","只认票不认人","凭票即付,执票为据","贵阳文通书局代印"。背面为公司名及面值的英文,加盖"贵州裕黔公司"印章。

民国初年,黔中道尹王伯群主持贵州裕黔公司,并发行制钱票,流通于贵阳、铜仁、遵义等地。由于军阀连年混战,银钱票由商会及官方操纵的金融机构发行,军阀把摊派给富商的款项转嫁给群众负担。存根是对面值较大的钞票留下票根,以便核实的防伪措施。

福裕有限公司

　　山东省掖县福裕有限公司民国时期钱票伍吊文。

　　该券正面:"掖县城里","福裕有限公司","仁底京钱","伍吊文","凭票即付","灯下不兑","烟台丰源印局馆代印"。背面:"福裕有限公司"(英文),"伍仟文"(英文),"本票到柜若大宗兑换,随大市作洋钱兑付,不得强逼铜元"。

　　有限公司一般由较少人数的股东出资组成,各股东对公司责任以出资额为限。也就是说,"有限"是指有条件的、有一定限制的、有始有终的。

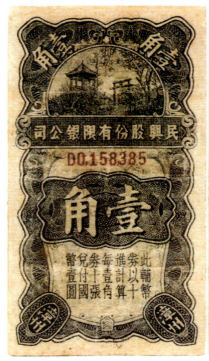

民兴股份有限银公司

　　福建省漳州民兴股份有限银公司民国时期壹角券。

　　正面主要文字:"此辅币券以十进计算,每壹角券十张兑付国币壹圆。"

　　1928年4月,国民党陆军四十九师师长张贞在漳州创办民兴股份有限银公司。为方便收支和增加资金,遂发行钞票,用于税收和发放军饷,还用于民间交易。在汕、汀、漳、龙、厦等地委托商号或者自己开设兑换处,便利凭票流通,增进各地商业贸易。1932年4月,工农红军攻克漳州,四十九师败退,该公司停业。

同益贸易公司

　　江苏省靖江新港同益贸易公司民国时期购物代价券伍分。

　　该券正面："新港同益贸易公司"，"购物代价券"，"伍分"，"靖江·新港"，加盖"同益贸易公司"和"总经理印"印章。背面："凭此券可在本公司照券面数目兑贷,券面盖有硬印及图章为凭。"

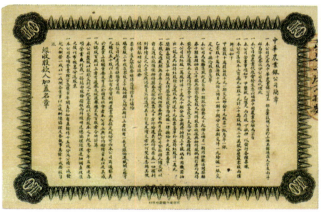

农业银公司

　　上海中华农业银公司民国时期整股收据拾圆。

　　由该券背面简章可知，该公司由财政部立案批准设立，总公司设在上海宁波路，在南洋群岛等处设分公司及代理处。该公司由农业促进会发起，专以辅助中国农业金融为宗旨。其营业项目有：垦牧、汇兑、存放、抵押、发行各种票据等。该公司募集股本二百万元，每股十元计，总二十万股，每三个月开奖一次，年底还有分红。

瓷业公司

湖南省靖港瓷业公司民国时期壹圆券。

湖南是我国著名的陶瓷生产地。1904年湖南凤凰熊希龄出国考察时,发现日本瓷业技术先进,产品精良。回国后熊呈文请湖广总督端方,要求设立瓷业公司,振兴民族工业,获得端方等人的赞许和支持。1905年熊在醴陵城北姜湾创立官办"湖南醴陵瓷业学堂",设陶画、辘轳、模型三科,并请景德镇技师、日本技师教授技术,培养瓷业人才。次年熊又成立"商办湖南醴陵瓷业制造有限公司",后改名为"湖南瓷业有限公司",靖港瓷业公司就是在这时发展起来的。

蒙古产业公司

　　蒙古产业公司民国时期大洋券伍角。

　　蒙古从事单一畜牧业。游牧业、养畜业是其国民经济的主要来源,牧业人口占总人口的90%,民生必需品多来自畜牧产品。那时的蒙古没有工业、农业和交通运输业,商业操纵在外国资本家和商人手中。1921年后,蒙古废除了一切外国商人和高利贷者的债务。1924年沿着非资本主义道路发展,没收了封建资产,发展种植业、工业、运输业、建筑业。1925年组织牧民合作社,成立了自己的产业公司。

纺织公司

　　山西省晋华纺织公司民国二十一年（1932）支付券壹圆。

　　晋华纺织公司是由榆次商人宋继宗、赵戴文、徐一清、贾继英等共同发起，并投资 195 股（每股 1000 元）创办的。成立之初叫晋华纺纱股份有限公司，主要经营纺纱、织布、印染等业务。

长途汽车股份有限公司

湖北省黄州赤壁阳宋长途汽车股份有限公司民国时期壹串文。

该券正面:"阳宋长途汽车股份有限公司","壹串文","凭票兑双铜元伍拾枚整"。

该汽车公司不仅经营长途运输业务,还经营本县境内运输路段的土地征收、道路施工等业务。

按揭公司

　　广东省顺德水藤镇利民按揭公司民国时期代用券壹毫。

　　该券正面有："此券以市面十足通用货币为本位。"背面有："持券随时到本公司即换市面十足通用货币壹毫正"。"按揭"一词来源于香港,是英文"mortgage"的粤语音译。

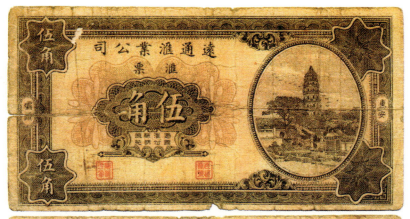

远通汇业公司

　　福建省惠安远通汇业公司民国二十年（1931）汇票伍角。

　　民国初年，福建惠安商人广设汇兑局、票仔局及汇业公司等金融机构，并印发汇票等形式的纸币，作为辅币流通市面，许诺凭票汇付验明照兑。这样做的好处是既可以扩大商业资本，又得纸币发行的利息，还可取汇兑、信贷手续费，可谓一举多得。汇业公司对便利地方货币流通、促进商业繁荣，起到了一定作用。

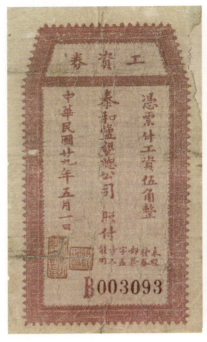

盐垦总公司

　　江苏省盐城泰和盐垦总公司民国二十九年（1940）工资券伍角。

　　民国九年（1920），岑春煊等在上海集资180万元，前往扬州与盐运使丁乃杨接洽，商谈以八百文一亩收购荒地。泰和盐垦总公司收购荡田、荒地和盐沼共1200多顷，后又开垦500多顷，用于筑堤、开河、修路、建房等。泰和盐垦总公司开办之初即自印钱条，初限于工垦地区，后因信用昭著，行使于盐城各地。

电汽股份有限公司

　　福建省建瓯电汽股份有限公司民国二十年（1931）兑换券伍圆。

　　该券正面："建瓯电汽股份有限公司兑换券"，"伍圆"，"中华民国二十年印"，"凭票兑付通用银元"。

　　电汽公司是制造以电力为动力的电焊、电解、电子及发电设备，承包电站工程的大型企业。

电灯公司

　　湖南省电灯公司民国十六年（1927）工资证贰角。

　　该券正面："湖南电灯公司"，"电灯厂"，"工资证"，"贰角"，"合成壹元，照兑光洋"，"中华民国十六年发行"。背面加盖"湖南电灯公司"印章。

　　湖南电灯公司，创建于宣统元年（1909），由湖南商会会长陈文玮创办，资本总额 50 万元。1910 年从德国购进发电机组等设备，次年正式发电。起初每日安装电灯 2000 盏，1922 年达 4 万盏。建国后改为长沙发电厂，直到上世纪末停业。

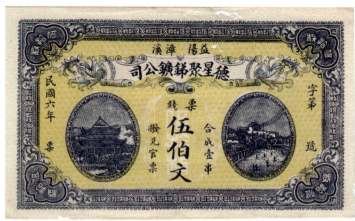

德星聚锑矿公司

　　湖南省益阳德星聚锑矿公司民国六年（1917）票钱伍伯文。

　　该券正面："益阳漳溪"，"德星聚锑矿公司"，"票钱伍伯文"，"合成壹串拨兑官票"，"字第　号"，"民国六年　票"。背面："益阳漳溪"，"德星聚锑矿公司"，"伍伯"。

　　锑是一种银灰色金属，在合金中的主要作用是增加硬度。锑现在已被广泛用于生产搪瓷、玻璃、橡胶、涂料、半导体元件、烟花以及医药、化工类产品。

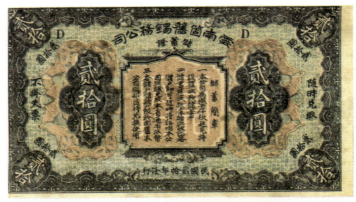

锡务公司

云南个旧锡务公司民国二十年（1931）储蓄证贰拾圆。

云南个旧是历史悠久的锡矿之都，矿区储量极丰，自元代始，一直由民间开采。清康熙年间，因银贵锡贱，过度开采白银，使得矿砂中含银量减少。乾隆之季因铸币之故始开采锡矿。光绪十一年（1885）始设个旧厅，建立衙署，专管矿务。光绪十四年（1888），云南矿务大臣唐炯设个旧矿务公司，专购办大锡，运川销售。光绪三十一年（1905）雷元澍等招集官商股本200万元，开设"个旧官商有限公司"，将大锡运香港销售。辛亥革命后，因受时局影响，销路停滞。民国三年（1914），云南民政长李鸿祥电陈大总统，呈请妥办矿务，奉大总统令，由民政厅拨款30万两，再招商股200万两，成立云南个旧锡务公司。

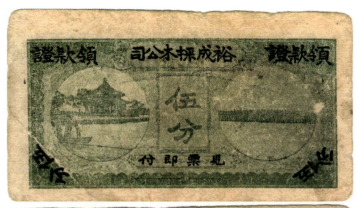

裕成采木公司

裕成采木公司民国时期领款证伍分。

该券正面："裕成采木公司"，"领款证"，"见票即付"。背面为英文："裕成采木公司"，"五分"，"领款证"。

领款证就是工资券，采木公司发行小面额领款证，作为采木工人的工资，可在采木公司内部消费使用，亦可积整兑换国币。

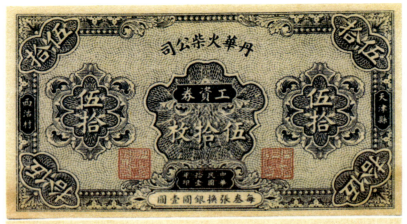

丹华火柴公司

  天津丹华火柴公司民国十一年（1922）工资券伍拾枚。

  在北方，最具规模的民族火柴企业，当推北京丹凤和天津华昌两家。丹凤始建于光绪三十年（1904），由华商温祖筠筹办，资本银12万两，厂址在崇文门外，占地三十余亩，日生产约八九十箱。天津华昌火柴公司创建于宣统三年（1911），资本75000两，孙实甫任经理，厂址在丁沽村，占地六十余亩，日出货约六十箱。民国七年（1918），丹凤与华昌两公司合并为"丹华火柴股份有限公司"，其营业情况更是蒸蒸日上，行销区域南至信阳，西至陕甘，西北至宁夏、新疆，北至蒙古。最值得一提的是，该公司的火柴产品在蒙古各地往往用以代替辅币使用。

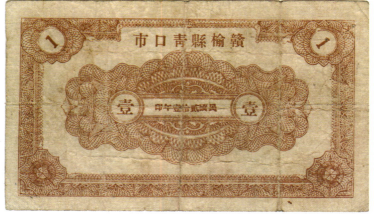

赣兴火柴工厂

　　江苏省赣榆县赣兴火柴工厂民国二十一年（1932）壹角券。

　　该券正面："江苏"，"赣榆县"，"青口市"，"赣兴火柴工厂"，"壹角"，"拾角兑壹圆"。背面："赣榆县青口市"，"壹"，"民国贰拾壹年印"。

　　该厂座落于赣榆县青口镇，东濒海州湾，是物资集散的重要海口。该厂除生产火柴外，还兼营木材收购、运输、加工等业务。

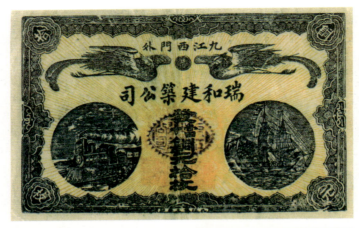

瑞和建筑公司

江西省九江瑞和建筑公司民国七年（1918）当十铜元拾枚。

背面文字："启者：本公司现行伯文小票，为便利工人起见，每日工程需用颇巨。因市上流通小票年行日久，票面殊难辨认，各工人有不愿收受等情。复经该工人等一再请求本公司发行小票，敝公司有不得不体恤其情，庶免工程进行有碍，暂允以公司名义发行伯文小票，以应工程之需。一俟工程告竣之日，即将原出小票照数收转，界期自应预先通告，特此声明。"

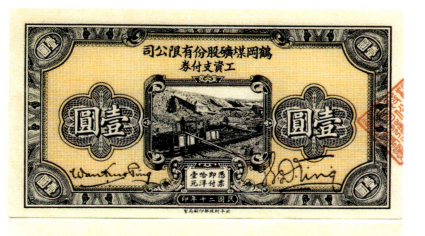

煤矿股份有限公司

　　黑龙江省鹤冈（岗）煤矿股份有限公司民国二十年（1931）工资支付券壹圆。

　　该券正面："鹤冈煤矿股份有限公司"，"工资支付券"，"壹圆"，"凭票即付哈洋壹元"，"民国二十年印"，"北平财政部印刷局制"。背面："鹤冈"，"工资支付券发行简章摘要：一、本券系本公司采煤部对于会计部支付之证券；二、凡持本券随时到会计部按数兑换哈洋；三、本券向本公司购煤缴纳客货以及其他款项，一律通用；四、本券得向本公司所属之分销及各代售处缴纳煤款；五、本券揉烂、模糊、号码不明或缺损一部者，概不照付；六、本券如有遗失不挂失号；七、如有摹造本券意图行使者，除送官究办外，并将原票扣留销毁。"

益安煤矿公司

河南省安阳县夏堡益安煤矿公司民国十五年（1926）工资券壹圆。

该券正面："河南省安阳县"，"夏堡益安煤矿公司"，"工资券"，"壹圆"，"民国十五年印"。背面："天津北马路华东石印局胶版印"。

煤矿公司工资券，是资本家剥削矿工的见证。矿工付出繁重的劳动，得到的只是微薄的工资。这种工资不是现金，而是由煤矿资本家自己印制的工资券，且只能在由包工头开设的粮店里买粮。包工头利用季节差价，在秋收时低价买进粮食，后再高价卖给工人。加上工资券发行过量，还会使物价飞涨，造成工人实际收入下降。

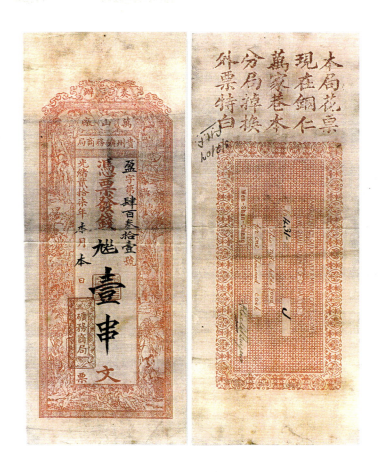

矿务商局万山厂

　　贵州矿务商局万山厂光绪二十七年（1901）钱票壹串文。

　　光绪十一年（1885），贵州巡抚潘霨奏请开采贵州矿产。1886年设贵州矿务局，官督商办，招商集股，借贷外资，筹建清溪铁厂。后因经营不善，铁厂倒闭。因欠英法贷款，而使英法商人取得采矿权，设立"英法水银有限公司"，在万山开采汞矿。该矿也是中国最大的汞矿产地。1908年，清政府收回矿权。

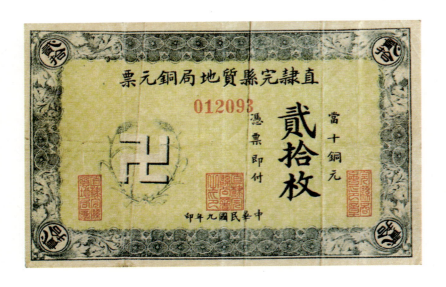

质地局

　　直隶完县质地局民国九年（1920）当拾铜元贰拾枚。

　　该券正面："直隶完县质地局铜元票"，"贰拾枚"，"当十铜元"，"凭票即付"，加盖"直隶完县公署之印、直隶完县质地局章、完县商会印章"。

　　完县就是今河北顺平县，位于河北省中部，太行山东麓，有丰富的矿产资源。金属类矿产有金、银、铜、铁等，非金属类矿产如白云岩、大理石、石英砂岩、高级石灰岩等更是储量丰富。

库玛尔河金矿局

　　黑龙江省库玛尔河金矿局民国时期伍圆券。

　　库玛尔河位于黑龙江省西北部,是黑龙江上游右岸较大的支流,现称作"呼玛河"。沿河两岸,林业茂盛,矿产丰富。因盛产矿金,被誉为"金穴",为我国主要金矿之一,当地采金人分段设厂开采,收集砂金,各自经营,由金矿局收购并征税。金矿局发行代用券,在沿江各矿厂兑换羌帖(即俄国人发的卢布),买卖货物,一律通用。

宏豫公司采矿厂

  河南省新乡宏豫公司采矿厂民国十二年（1923）当拾铜元壹百枚。

  河南省新乡县"宏豫公司采矿厂"，承诺"凭票发当拾铜元壹百枚"。票券印制时间为"中华民国十二年十二月一日"，券面加盖"宏豫采矿公司"印章。背面是"本公司新乡炼铁厂小影"，即工厂照片。"留神细看，不挂失票"。

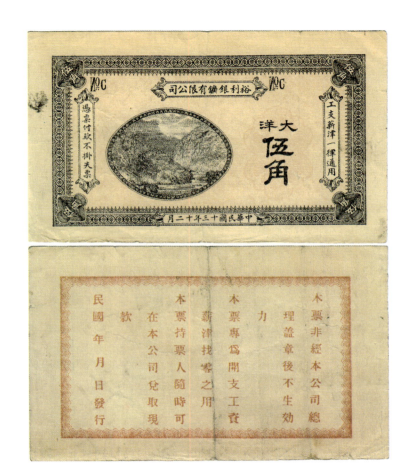

银矿有限公司

裕利银矿有限公司民国十三年（1924）大洋伍角。

我国是世界上发现和开采银矿最早的国家之一。春秋时期,全国详知的"银之山"就有 10 处;战国至汉代墓葬中,已有银项圈、银器等随葬;到了唐代,全国"有银"地点共 35 处,白银年收入量达 10 万余两;宋元是我国古代银业发展时期,至元三十一年（1294）各路交钞库所有白银总数达 100 万两;清至民国时期,银业发展一度停滞不前。裕利银矿有限公司发行的伍角大洋券,是该公司"专为开支工资、薪津、找零之用"的"不挂失票",持票人随时可在公司兑取现款。

福华锰矿公司

　　湖南省湘潭福华锰矿公司民国十八年（1929）工资券贰角。

　　湖南矿藏资源丰富，除煤、铁储量较逊于他省外，锑、锰、铅、锌储量均在全国名列前茅。省内土法开矿较早，陈宝箴出任巡抚后大力提倡兴办实业，利民强国，光绪二十二年（1896）三月在长沙设立矿务总局。鼓励民间设厂开矿，集资方式有三：一、由省府拨资，派员办理；二、官商合资经营；三、官督商办。湘潭锰矿位于市区西北 14 公里的鹤岭，1913 年发现矿藏后开采至今。福华锰矿公司工资券是该公司的一种代价券，可在公司所属商店、食堂购物及兑换光洋。

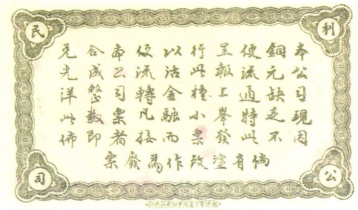

利民白矿公司

湖南省湘潭利民白矿公司民国十六年（1927）铜元叁百文。

发行告示："本公司现因铜元缺乏不便流通，特此呈报上峰发行此种小票，以沽金融而便流转。凡接本公司票者，合成整数即兑光洋，此布。倘有涂改，作为废票。"

白矿就是铅锌矿，初开矿时人们曾误称为白铅，所以称白矿。

西安炭矿株式会社

　　吉林省辽源市西安炭矿株式会社民国时期物品引换券贰拾枚。

　　日伪统治时期在吉林省辽源市西安县公署管辖区域（即现在的东辽县）成立
"西安炭矿所"，归新京（长春）满州炭矿株式会社管辖，主要经营煤炭的开采、运
输和销售。除在本地销售点次煤炭外，好煤、精煤都通过船只运回日本本岛。

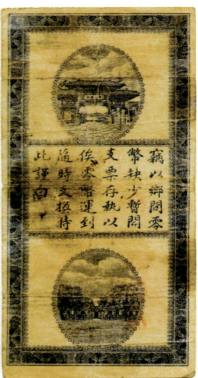

万盛增煤厂

河北省任邑县万盛增煤厂民国二十六年（1937）找零支票伍角。

该券正面："任邑县大尚屯镇"，"万盛增煤厂找零支票"，"凭票支付来人洋伍角"，"地字第 39 号"，"凭票即付，涂改作废"，"中华民国廿六年　月　日"，加盖"万盛增记"印章，"天津法界德泰印字馆印"。背面："窃以乡间零币缺少，暂开支票存执，以俟零币运到，随时支换，特此谨白。"

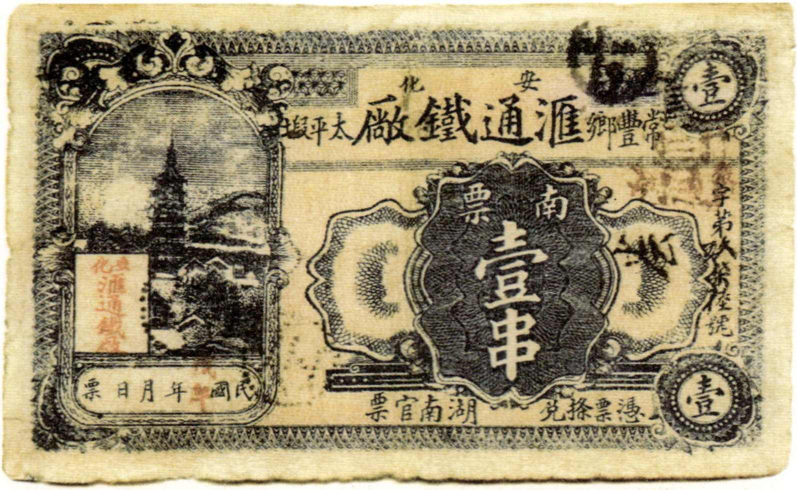

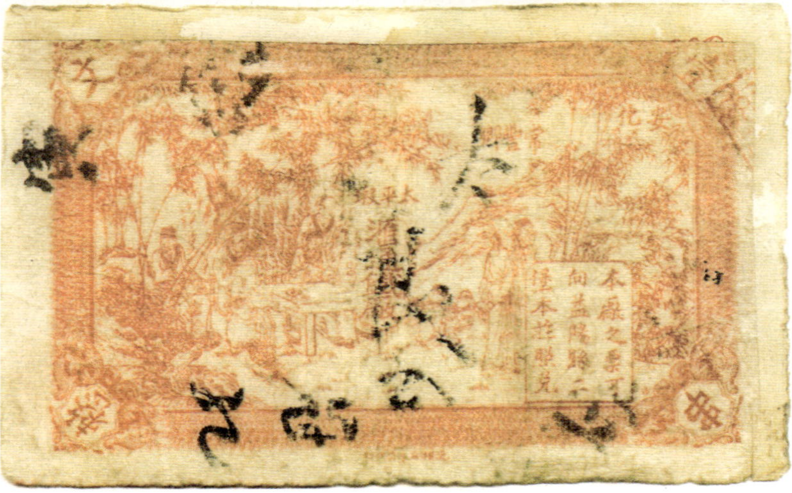

汇通铁厂

湖南省安化汇通铁厂民国戊午年（1918）南票壹串文。

该券正面：“安化常丰乡太平墩”，“汇通铁厂”，“南票壹串”，“凭票搽兑湖南官票”。背面：“本厂之票可向益阳县二堡本庄照兑”，“壹串文整”。该票既可在该厂内流通，亦可向指定庄号兑成官票，较一般工资券流通范围更广。

木器制造厂

　　上海琦泰木器制造厂民国十一年（1922）铜元贰拾枚。

　　该券正面："琦泰木器制造厂"，"贰拾"，"上海"，"凭票付铜元贰拾枚"。背面："琦泰木器制造厂"（英文），"念"。

　　木器制造厂主要制作各种木制家具。"念"即"贰拾"的沪语读音。此券系该厂用于支付运输木器之"脚夫钱"。

玻璃瓷器工厂

　　湖南省长沙宝华玻璃瓷器工厂民国十九年（1930）工资证贰角。

　　该券正面："长沙宝华玻璃瓷器工厂"，"工资证"，"贰角"，"合成拾角兑洋壹圆"，"中华民国十九年印"，"证代工资流通厂内"。背面：英文"贰角"。

　　宝华玻璃瓷器工厂主要生产民用玻璃及碗、盘、茶壶、勺等民用瓷器，当时工艺比较落后，只是土法烧制，成品率较低。

电器制造厂

  上海德余全记电器制造厂民国十九年（1930）现金赠券贰角。

  1840 年鸦片战争后,清政府被迫签订了《中英南京条约》,上海被列为五口通商的口岸之一。1843 年 11 月,上海正式开埠, 1851 年英国资本家在中国开设造船厂, 1883 年建立英商自来水厂,不久外资的电厂、电车厂、卷烟厂、饼干厂、汽水厂、啤酒厂、机器制造厂等相继出现。1865 年李鸿章在上海开设江南制造局后,又建立了一批官办、官督商办和官商合办的企业。据 1933 年统计,上海工业资本总数占全国 10%,工人人数占全国 43%,产值占全国 50%。德余全记电器制造厂就是这时建立的。

大孚橡胶厂

上海大孚仁记橡胶厂民国时期酬劳券壹角。

背面发行告示："本厂优等出品金狮牌套鞋，质料优美，经久耐穿，定为购者所乐用。兹为奖励推销起见，凡热心推销金狮牌套鞋满壹打者，即赠本酬劳券壹纸，聊以助兴云耳。兑换简章：一、本券价值注明券面，凭券兑取法币壹角；二、本券至少须积满拾张方可兑换；三、本券须盖有本厂硬印，否则无效；四、凡兑券者须盖经销店图章为凭；五、凡持券者可向本发行所或就近经销处兑换。"

长江砖瓦厂

　　长江砖瓦厂1953年换物证壹仟圆券。

　　该券正面："长江砖瓦厂"，"换物证"，"壹仟圆"，"一九五三年"，加盖"支队长章"、"副支队长章"。背面："长江砖瓦厂"，"换物证"，"1953"。该币面值壹仟圆，后加盖"壹角"。

　　第二套人民币发行后，旧币仟圆等值新币壹角。这是建国后上海厂家发行的代币券，在新版人民币发行后，此换物证在改换面值后仍继续流通。

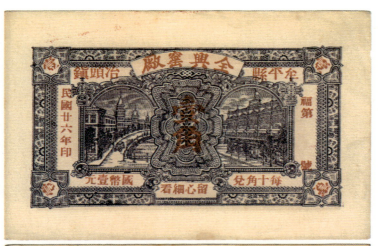

全兴窑厂

　　山东省牟平县冶头镇全兴窑厂民国二十六年（1937）壹角券。

　　该券正面："牟平县冶头镇"，"全兴窑厂"，"壹角"，"民国廿六年印"，"每十角兑国币壹圆"，"留心细看"。背面："零角不兑，每拾角兑国币壹圆"，"灯下不付，认票不认人"。

　　窑厂发行的角票，可随工资发放，亦可用于找零，流通范围有限。

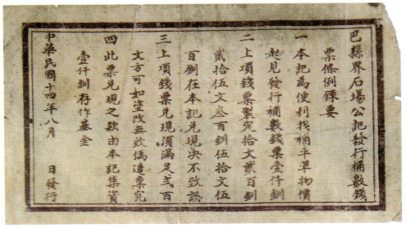

界石场

四川省巴县界石厂民国十四年（1925）当制钱贰拾伍文。

发行钱票条例："一、本记为便利找补、平准物价起见，发行补数钱票壹仟钏；二、上基钱票制定拾文贰百钏、贰拾伍文叁百钏、伍拾文伍百钏，在本记兑现决不致误；三、上项钱票兑现须满足贰佰文方可，如涂改无效，伪造票究；四、此票兑现之款由本记集资壹仟钏存作基金。"

宏顺煤矿

　　河南省博爱县宏顺煤矿民国十八年（1929）工资兑换券伍拾枚。

　　该券正面："博爱"，"宏顺煤矿工资兑换券"，"伍拾枚"，"中华民国十八年印"。加盖"王明贤章"和"韩经业章"。背面："河南博爱县宏顺煤矿全图"。

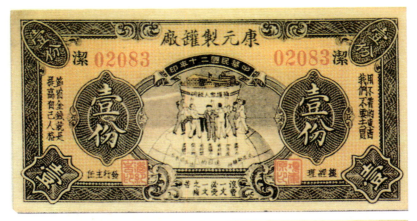

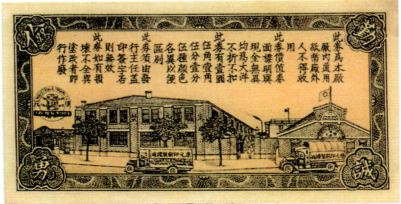

康元制罐厂

康元制罐厂民国二十年（1931）壹份（分）券。

该券正面："康元制罐厂"，"壹份"，"用不着的东西我们不要去买"，"节省金钱就是提高自己人格"，"浪费一文必受一文之痛苦"，"总经理：项康原印"，"发行主任：潘纪岵印"。背面："此券为本厂厂内通用纸币，厂外人不得收用。此券价值券面标明，与现金无异，均为大洋，不折不扣。此券有壹圆、伍角、壹角、伍分、壹分五种，颜色各异，以便区别。此券须由发行主任盖印签字，否则无效。此券如有损坏不全与涂改者，即行作废。"

煤矿煤票

　　黑龙江省鹤冈（岗）煤矿民国三十四年（1945）煤票壹百圆。

　　1945 年 8 月 12 日，鹤岗煤矿临时维持会成立，作为战后临时管理机构。随后成立鹤岗煤矿煤票发行委员会，用 20 万吨贮煤为抵押，发行鹤岗煤矿煤票，以解决现金缺乏问题，恢复生产。发行章程规定："本会以顺应时局，维持鹤岗煤矿之复兴而发行煤票及保持其流通为目的；本会发行之煤票定额为 500 万元；本会发行之煤票为 100 元、10 元两种，100 元者 300 万元，10 元者 200 万元；本会发行之煤票，其票面金额之价值与发行当日流通之同额国币之价值同；本会发行之煤票以鹤岗煤矿票发行委员会为发行场所；本会发行之煤票，由中华民国 34 年 10 月 25 日至中国正式接收后指定收回之期间末日为流通期间。"票正面："监理员印"。煤票发行后，仅限于在鹤岗矿区、兴山铁路沿线及佳木斯地区流通。用煤票购煤有奖励，凡用该票向鹤岗煤矿购煤者，每吨多付给 10%。该票流通时间自 1945 年 11 月至 1946 年末，使得鹤岗矿区的经济得到了恢复，矿工生活得到了改善。

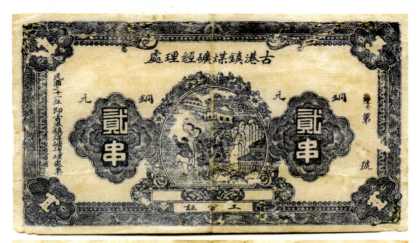

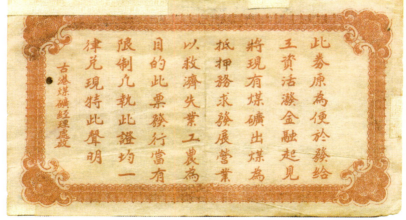

煤矿经理处

　　古港镇煤矿经理处民国二十一年（1932）工资证铜元贰串。

　　该券正面："古港镇煤矿经理处"，"工资证"，"铜元贰串"，"民国二十一年即古港镇煤矿经理处票"。背面："此券原为便于发给工资、活泼金融起见，将现有煤矿出煤为抵押，务求发展营业，以救济失业工农为目的。此票发行，当有限制，凡执此证，均一律兑现，特此声明。古港镇煤矿经理处启。"

醴泉煤店

    山东省东平醴泉煤店民国二十七年（1938）贰角券。

    该券正面："醴泉煤店"，"贰角"，"东平城北西瓦庄"，"凭票即付"，"民国二十七年"，"济南普利门外恒记胶版印"。背面："流通市面"（拼音），"每拾角兑壹元不兑零角"，"灯下不付"，"外集不兑"。

    煤店是规模较小的售煤店铺，主要是零售煤炭给居民，并提供送货上门服务。

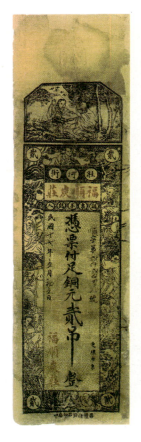

福顺炭庄

福顺炭庄民国十七年（1928）铜元票贰吊。

该票正面："浣河街"，"福顺炭庄"，"凭票付足铜元贰吊整"，"民国十七年五月初五日福顺炭庄"，"认票不认人"，"连环串票"，"昌潍汪记石印局印"。背面："谨防假冒"。

炭有两种：一种是木头烧成的木炭，一种是煤烧成的焦炭。焦炭是工业冶炼用的燃料，木炭是家庭及民用的燃料。炭庄经营的应是木炭。

同丰堆栈

　　江西省南昌同丰堆栈民国时期当拾铜元拾枚。

　　该券正面："同丰堆栈"，"计给当拾铜币拾枚"，"前坊市"，"图章笔迹不符作废"。背面："南昌前坊市"，"同丰陆尘堆栈"。

　　堆栈就是车站、码头堆放货物的地方，现在人们都称之为货场，一般都是由车站、码头的所属单位管理和经营，也有出租的。以堆栈名义发钱票是很少见的。

　　　　　　　　　　　　　　　　　　　　　　　纸币三百六十行

十二、交通运输

民国时期,因乘客往来频繁,且每次付费数额较小(多为零币),因此运输业对零星辅币的需求量更大,其发行辅币券亦较其他行业为多。零票主要用于公共交通的电车、汽车及人力车的付费,也作为支付搬运工和苦力的费用。交通运输业发行的票券名称有兑换券、代币券、代价券、有期券、脚力票等,种类有银元票、铜元票等。

较早发行兑换券的铁路部门是山海关铁路局和汕头潮汕铁路股份有限公司,前者为官办,后者为商办,但都面临筹资困难的难题。发行兑换券,是当时许多工程的集资方法之一。后来不少汽车运输公司也发行票券,并无准备金,在乘客出行时充抵车票。一些政府部门为筹措道桥工程款及运输费,也以发钞的方式向全县民众预征摊款,山西忻县征运局有期券、江西上高县青阳石桥局临时兑换券就是典型代表。至于一些商号发行的代价券,只是作为付给脚夫、车夫和苦力的费用。

交通运输业发行票券有以下作用:一是找零方便。民国时期各地普遍存在小钞缺乏、周转不灵的现象。很多票券明确说明,"发行小额辅币,仅为找零,不作他用"。二是仅作购买车船等交通费,如"宁绍商轮公司船票半圆"。三是用作搬运工的工资,如脚力票、脚单、挑力兑换券等。四是充当铁路、桥梁等建造费,如山海关铁路局银元票、上高县青阳石桥局铜元票等。

铁路局

山海关内外铁路局光绪二十四年（1898）壹圆券。

光绪二十年（1894），清政府筹设北洋铁轨官路总局，专理京奉铁路关外全线事务。工程开工后，进展滞缓，筹款艰难。当时芦津铁路（芦沟桥至天津）督办主张向英国贷款，早日完成全线工程。光绪二十四年（1898），清政府将京奉铁路路产作抵押，向中英公司借款 230 万英镑，同年改局名为"山海关内外铁路总局"，并在英国印制壹、伍、拾圆钞票。八国联军入侵后，工程停顿，该局被洗劫一空。

铁路股份有限公司

广东省汕头商办潮汕铁路股份有限公司民国时期兑换券拾毫。

潮汕铁路为南洋侨胞张榕轩、张耀轩集资兴办，总投资达325万元。1904年动工，1906年7月建成，是我国第一条民办铁路，全长40公里。1921年以前，该铁路年收入在40—50万元。1926年后，由于军阀混战，过境军队频繁，该公司对兵员、军需物质的运送，都只收"半价票"，即便是半价，其结欠累计仍达55万元无法收回。到1939年，日军入侵汕头，该公司被占，路轨被拆毁运走，机车、车辆损毁殆尽。

车路有限公司

　　广东省中山县歧关车路有限公司民国二十二年（1933）预购乘车券半毫。

　　该券正面："中山县"，"歧关车路有限公司"，"半毫"，"此券只限搭车时改换票，车票例不兑现"，"中华民国二十二年"，"香港钞票公司"。

　　歧关车路有限公司成立于1927年，为广东省交通集团有限公司直属全资国有驻澳企业。自成立以来，一直以经营澳门至内地客、货运输为主，拥有各种先进的豪华大、中、小型巴士及箱式货车拖头，服务质量有口皆碑。

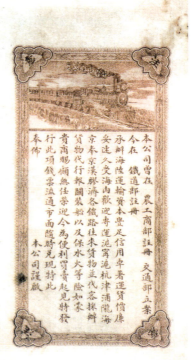

捷运公司

山东省泰安中华捷运公司民国时期凭票取尨铜元壹仟文。

该票正面："泰安"，"大汶口"，"中华捷运公司"，"凭票取尨铜元壹仟文"，"捷字第 号"，"钱随市面，灯下不付"，"认票不认人"，"民国 年 月 日 票"，"济南山东印刷公司印"。背面"注意"："本公司曾在农工商部注册，交通部立案，今在铁道部注册。承办海陆运输资本丰足，信用卓著，运货价廉妥速，久受海内欢迎，专运沪宁、沪杭、津浦、陇海、京奉、京汉、胶济各铁路往来货物，并代客采办货物，代行报关、装船以及保水、火等险，如蒙贵商赐顾，无任荣迎。今为便利买卖起见，特发行此项钱票，流通市面，随时兑现，特此奉布。本公司谨启。"

车业有限公司

江西省九江车业有限公司民国十四年（1925）车力兑换券小元拾枚。

该券正面："九江车业有限公司"，"车力兑换券"，"小元拾枚"，"民国十四年吉月吉日"，"当地通用、凭票即付"，加盖"车业公司"印章。背面："三马路德昌里隔壁"，"当拾铜元"，"九江时务石印局印"。

1910 年清政府为了配合庐山开发，两江总督张人骏拨库银 5 万两修建连接九江至莲花洞的九莲公路。该路开通后，九江的汽车运输业也随之兴起。1915年，商人张谋智从上海购买美国福特汽车 4 辆，开办了大同汽车公司，此后又有几家汽车公司开张，到 1922 年九江全市有各式汽车 25 辆。

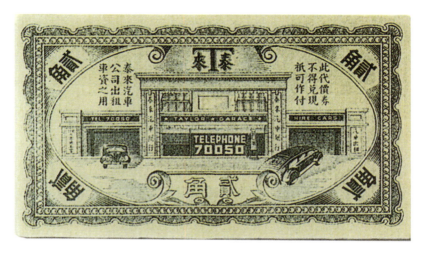

汽车公司

上海市泰来汽车公司民国时期代价券贰角。

该券正面："泰来"，"贰角"，"此代价券不得兑现，只可作付泰来汽车公司出租车资之用"，电话号码 70050。背面英文："此券仅可作付泰来汽车公司出租车资之用"，"贰角"。

公路处河口车场

  江西公路处河口车场民国二十四年（1935）用膳代币券壹角。

  该券正面："江西公路处河口车场"，"用膳代币券"，"只准用膳随时兑现"，"壹角"，"主管盖章"，"经手盖章"，"民国二十四年五月一日发行"。背面无图案，只加盖"江西公路处河口车场"印章。该币是车场内部代用券，只能在该车场停车、休息、加油时用餐使用，车场给在本场停车、休息、加油的司机和乘客赠送此券，以此招徕客人。

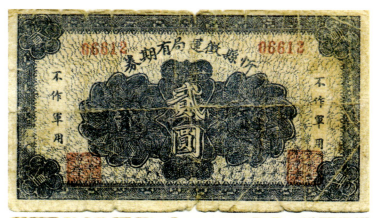

征运局

山西省忻县征运局民国十八年（1929）有期券贰圆。

该券正面："忻县征运局有期券"，"贰圆"，"不作军用"。背面："二次有期券章程：一、县公署、公款局、商会完全担保；二、指由十九年地丁上下忙带征款项兑付；三、十八年阴历八月为开始兑现之期；四、到期向公款局兑现，并准搭交钱粮。"

征运局是地方政府为支应驻军临时设立的机构，目的是替驻军征收物资、摊派款项等。"不作军用"表明此券与征运局本职无关，有滥发之嫌。有期券并不付息，仅是政府向民间发行的借款券，以数月为期，待田赋征税时收回，亦可用于一切日常交易。此乃县政府解决财政问题的惯用办法。

轮运公司

上海大众轮运公司民国三十年（1941）代价券贰角。

该券正面："上海大众轮运公司"，"代价券"，"贰角"，"积满拾角兑国币壹元"，"中华民国三十年十月印"。背面："硬印为凭，涂改作废"，"兑换处：上海广东路廿号三楼三百十二号"。

该公司主要经营轮船客货运输业务，如长江、黄浦江轮渡，沿江租船运输等。

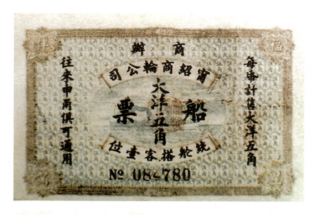

商轮公司

　　浙江省宁绍商轮公司宣统元年（1909）船票大洋五角券。

　　该券正面："商办","宁绍商轮公司","船票","大洋五角","统舱搭客壹位","每纸计售大洋五角","往来申、甬俱可通用"。背面："宣统元年三月印","一、此票准作统舱客位；二、此票只趁船不能取洋；三、如趁上船,照章加票用；四、此票只认票不认人"。加盖"总协理""经理"印章。

　　宣统元年（1909）,虞洽卿联合宁波、绍兴商人创办宁绍商轮公司,自任总经理,资本总额100万元。先开通沪甬航线,后行驶长江航线,由上海经南京、芜湖、九江,而迄汉口。为打破英商太古轮船公司对沪甬航线的垄断,宁绍商轮公司一直坚持船票五角不涨价。

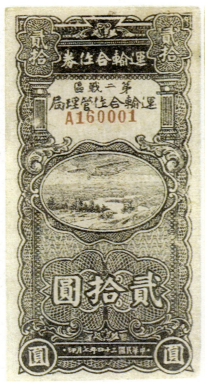

运输合作券

  第二战区运输合作管理局民国三十四年（1945）运输合作券贰拾圆。

  抗日战争初期，国民党积极抗战，并在全国成立了十二个战区，第二战区司令
长官是阎锡山，作战区域为山西、察哈尔、绥远三省。1938 年 11 月作战区域改为
山西、陕西两省，兵力为 27 个步兵师、3 个步兵旅、3 个骑兵师，其他特种部队在
外。1944 年其作战区域调整为陕西。运输合作券就是这时发行的军内代用券。

　　　　　　　　　　　　　　　　　　　　　　　纸币三百六十行

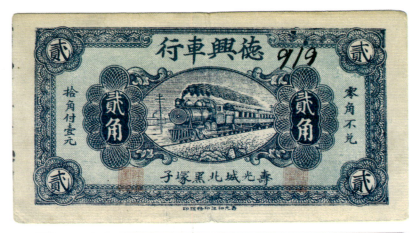

德兴车行

　　山东省寿光德兴车行民国二十八年（1939）贰角券。

　　民国年间，车行在有的地区（山西）称作载行。因为在当时，有的县城都没有汽车，运输货物及载客只有靠大车、轿车、马匹。有的车行就是大车店，吃、住、行一条龙服务。一般的车行还养几头骡子或毛驴，专为旅客拉脚及运送小件货物。

朱运隆行

　　江西省瑞昌朱运隆行民国十八年（1929）钱票贰串。

　　该票正面："瑞昌"，"泥湾正街"，"朱运隆行"，"贰串"，"认明来手谨防伪造"，"中华民国十八年印"。背面："为客人买货尽交铜元不便，行伙信贩下乡收买芋麻，携带铜元搬运维艰，是以行伙相商，暂刷临时便条，收买芋麻之计，俟货收齐，即将此条收回，免犯纸币禁令，特此奉知。本行主人谨白。"该票由"武穴二府街宏文石印局代印"。

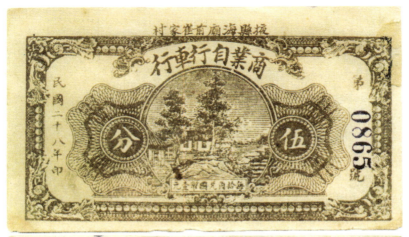

商业自行车行

　　山东省掖县商业自行车行民国二十八年（1939）伍分券。

　　该券正面："掖县海庙前崔家村"，"商业自行车行"，"伍分"，"民国二十八年印"，"每拾角兑国币壹元"。背面："川兑找零，不作他用"，"伍分"。

　　民国年间自行车并不普遍，一般人家是买不起的，只有生意人因跑业务需要才到车行去租车，因此才有了商业自行车行。

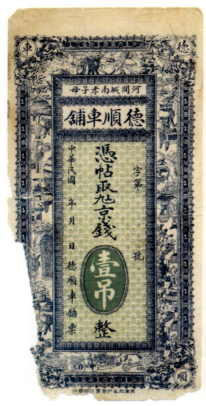

德顺车铺

　　河北省河间德顺车铺民国时期钱票壹吊。

　　该票正面："河间城南孝子母"，"德顺车铺"，"凭帖取旭京钱壹吊整"，"中华民国　年　月　日德顺车铺票"，"天津北马路华东石印局印"。背面："留神细看"，"失票不管"，"概不挂号"，"壹吊"。

　　"旭京钱"即九六京钱，壹吊相当于480文制钱。车铺就是修车的店铺。民国年间，在县城边上的车铺也只能修理马车、三轮车、自行车的轮胎等。

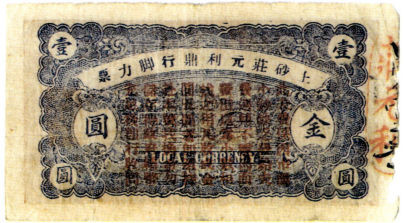

庄元利脚力票

　　广东省揭阳县上砂庄元利鼎行民国时期脚力票金圆壹圆。

　　该票正面："上砂","庄元利脚力票","壹圆"。背面："上砂庄元利鼎行脚力票","金圆壹圆","此夫费系因市面小钞缺乏,发给夫费周转不灵,因而发出以为小数相找之用,凡收成金圆五圆者,即须持赴本号找换,希勿储存。待政府辅币充足后,即行收回"。

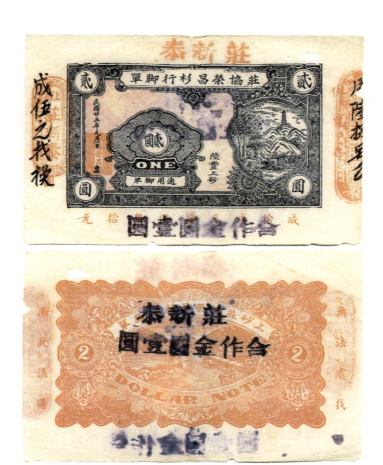

庄协荣昌杉行脚单

广东省上砂庄协荣昌杉行民国二十五年（1936）脚单贰圆。

该券正面："庄协荣昌杉行脚单"，"陆丰上砂"，"通用脚单"，"贰圆"。背面："上砂庄协荣昌杉行脚单"，"无法处找"，"渐此流通"。

上砂镇位于广东省揭西县西部，地处莲花山脉，山高涧深，林茂蔽日，路人行走于崎岖山路中，如出入洞中，故又名砂坑洞。山间有溪流穿过，上游为上砂，下游为下砂。上砂农、林、铁矿资源丰富，且位于揭西、陆河、五华三县交界处，为三县农副产品集散地，以农历每旬二、五、八日为圩期。圩集交易的商品有稻谷、杉木、竹器、铁器等。运输方式多通用人工肩挑背驮，经营此业者称为脚力、挑力等。

三益祥号挑力兑换券

　　江西省九江牯岭三益祥号民国时期挑力兑换券铜元拾枚。

　　该券正面:"牯岭三益祥号","挑力兑换券","铜圆拾枚","中华民国　年　月　日"。背面为英文商号名及兑换券面值。

　　挑力是旧时煤场、窑场、林场、五金店等工商企业,用肩挑方式搬运货物的搬运工或挑夫。牯岭,原名牯牛岭,为庐山的中心,绿树成荫,山峰葱茏。近千幢风格各异的别墅依山而建,高低错落,为国内少有的高山建筑景观。因山路崎岖行走不便,扛东西走路更困难,因此,挑夫行当在当时比较兴盛。

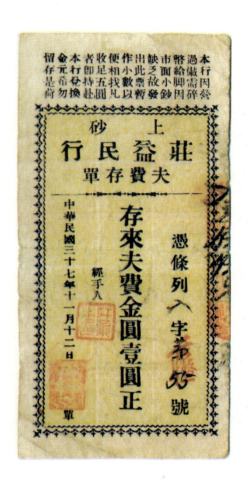

本行因營儲需壹
過載給小脚因碎
市面小鈔故發給
缺乏此票以暫發
出小數凡作暫相
便相找足以找便
作足五圓凡赴相
者收圓即五本找
本行赴圓行赴
金即本兌本
存希行換行
留勿換金兌
是荷金元換

庄益民行夫费存单

广东省上砂庄益民行民国三十七年（1948）夫费存单金圆壹圆。

该券正面："上砂","庄益民行","夫费存单","凭条列　字　号","存来夫费金圆壹圆正","中华民国三十七年十一月十二日庄益民单","本行因营过载,需碎币给脚,因市面小钞缺乏,故发出此票,暂作小数以便相找,凡收足五圆者,即持赴本行兑换金元,希勿留存是荷。"

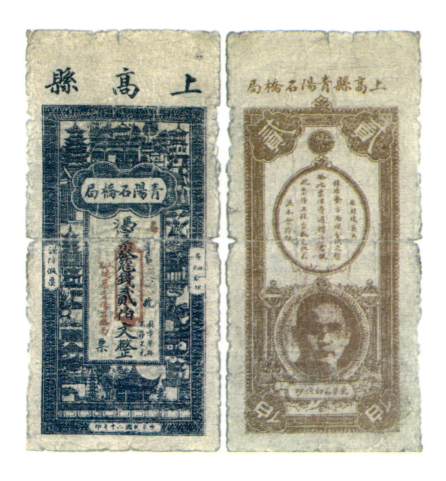

石桥局

江西省上高县青阳石桥局民国二十年（1931）凭票发灺钱贰伯文。

该券正面："上高县"，"青阳石桥局"，"凭票发灺钱贰伯文整"，"上高建筑青阳石桥局票"，"中华民国二十年印"。背面："上高县青阳石桥局"，"兹因建筑工程浩繁，市面现金缺乏，暂发此票，俾资周转。诸君执此票，待工程告竣，兑取不误，本会特白。"

石桥局经理廖正才，还成立了上高县青阳石桥基金保管委员会，发行临时兑换券。到1935年底，青阳石桥建成。

十三、棉丝、纺织

民国时期，棉丝、纺织业发行钱票、角票等，一般集中在棉花、蚕丝上市季节，由于资金需求量大，且交易集中，棉行、丝厂及纺织业便大量发行临时流通辅币券，代替现金流通于市，既避免现金兑换搬运之劳顿，又扩大了融资规模，加速资金周转，还能降低兑换、汇兑业务成本，促进销售等。

这些票券的种类有临时代币券、购货券、代价券、找零券、优待券、工资券、赠券、礼券等。从货币单位看，有银角票、银元票、铜元枚票或吊票等。

从事棉花加工销售的商行或店铺，名称当时叫"花店、花行、花厂"等，是市面最常见的店铺之一，发行的票券流通亦较广。

棉丝、纺织业发行票券的目的主要有以下四个方面：一是为找零方便。不少票券上写明"零角不兑、每拾角兑国币一元"字样，这与一般商号发行的角票无异。二为促销。如一些厂商所印发的赠券、礼券、购货券等，便是为了鼓励客户多买而设计的，多买多赠。三是扩大宣传。一些厂商在票券背面写有广告，宣传自己的产品。四是抵作雇员工资，如工资券等。这类票券，使用范围有限，或仅能购买指定产品，或仅在限定的区域内流通。

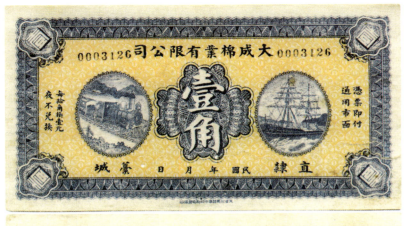

棉业有限公司

河北省藁城大成棉业有限公司民国时期壹角券。

该券正面："大成棉业有限公司","壹角","直隶藁城","民国　年 月 日"，"凭票即付,通用市面","每拾角换壹元,夜不兑换","天津北马路华中印刷局胶版印"。背面："大成公司"。

藁城地处冀中平原,是棉花的主产区。棉业公司应该是有一定规模的集棉花收购、运输、销售为一体的公司。

裕记棉行

  山东省牟平裕记棉行民国二十七年（1938）贰角券。

  该券正面："牟平塔庄"，"裕记棉行"，"贰角"，"每十角兑国币一元"，"零角不兑"，"夏村隆兴印刷局印"。背面"灯下不付"。

  棉行是收购、加工、销售棉花的商行。

公聚布庄

　　山东省潍东乡公聚布庄民国时期叁佰文券。

　　该券正面："潍东乡东庄子"，"公聚布庄"，"叁伯文"。背面："此票找零使用成吊串票"，"认票不认人"，"潍东宋家双庙利兴印刷社印"，加盖"公聚布庄"印章。

　　潍县的布庄指织布厂，并附设对外销售商铺。布庄以棉纱为原料加工制成棉布，然后批发、零售给商户和个人。

成德玉布店

　　河北曲阳县成德玉布店民国十九年（1930）贰拾枚券。

　　该票由零售布匹的商店发行。正面有："票到照市价即付银圆"，"只认票不认人"，"失票不管概不挂号"。背面有："倘不足壹圆者照市价兑换角票"，"或取现铜元均可照付"，"留神细看，谨防假冒"，"坚守信用，便利找给"。

同人泰布局

　　山西省盂县同人泰布局民国时期兑换券铜元拾枚。

　　该券正面："盂县同人泰布局兑换券"，"铜元拾枚"，加盖"同人泰印"，有"第　　号"及"民国　年　月　日"字样。

　　布局同布庄相似，是规模较大的棉布批发及销售商号。

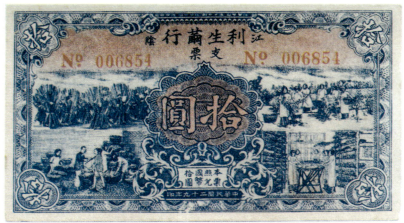

利生茧行

江苏省江阴利生茧行民国二十九年（1940）支票拾圆。

该券正面："江阴"，"利生茧行支票"，"拾圆"，"本票照兑国币拾圆"，"中华民国二十九年印"。背面："利生茧行"（英文），"拾圆"（英文），"1940"，加盖"江阴利生茧行""冼鑫寅"印章。

利生茧行在春季大量收购蚕茧，并运销到无锡、苏州及上海等地，有时还替英商洋行代理收购。因此支票面额比一般钱票要大，专用于蚕茧收购，并保证兑现国币。

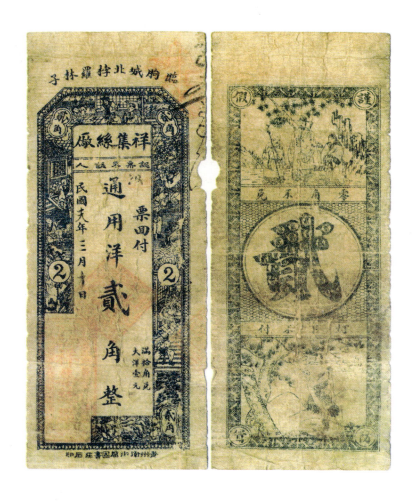

祥集丝厂

  山东省临朐祥集丝厂民国十九年（1930）通用洋贰角。

  该券正面："临朐城北梓罗林子"，"祥集丝厂"，"□票回付通用洋贰角整"，
"认票不认人"，"满拾角兑大洋壹元"，"民国十九年三月十日"，"青州卫街广固书
庄石印"。背面："零角不兑"，"灯下不付"，"谨防假冒"。

  临朐地处鲁中地区，山地丘陵占总面积的80%，适合植桑、养蚕。缫丝、织绸
久负盛名，因此山东中部大部分的丝厂都集中在临朐。

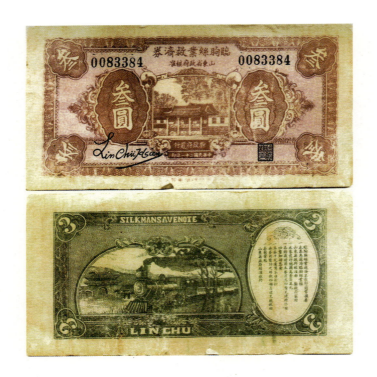

丝业救济券

山东省临朐民国二十一年（1932）丝业救济券叁圆。

该券正面："临朐丝业救济券"，"山东省政府核准"，"县政府发行"，加盖"临朐县印"。背面：英文"丝业救济券"，附有发行说明："临朐丝业救济券发行简章摘要：一、本券为救济临朐丝业，经山东省政府核准由县政府发行；二、本券发行总额为壹百万元；三、各丝商借用本券月息四厘，兑现时亦按四厘加付息金；四、本券十足流通，不准折扣；五、本券自发行之日起，四个月后兑现收回；六、本简章经山东省政府核准施行。"

九一八事变后，日本占领东北，东北茧源被截，加上日本人造丝倾销各国，鲁丝外销受阻，丝价暴跌，临朐丝商倒闭百余家。为拯救蚕丝业危机，振兴民国丝织业，1932年，山东省实业、民政、财政及县商会共同成立丝业基金保管委员会，经省政府批准，发行临朐县丝业救济券100万元，面值有壹圆、叁圆、伍圆三种，为期四个月。山东省政府还颁发蚕桑奖励章程，以鼓励农民发展蚕桑业，挽救大宗财源锐减的局面。但因券价折扣，引起县城北关罢市。

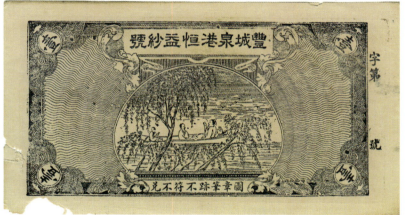

恒益纱号

　　江西省丰城泉港正街恒益纱号民国时期兑换券拾枚。

　　该券正面："泉港正街恒益纱号"，"凭票即付当拾铜元拾枚"。背面："丰城泉港恒益纱号"，"图章笔迹不符不兑"。

　　丰城即江西丰城县，明洪武二年（1369）置县，1988年改为丰城市。

永盛德绸庄

　　山东省文邑永盛德绸庄民国时期壹吊券。

　　该券正面："文邑"，"永盛德绸庄"，"壹吊"，"凭票即付足数市钱"，"马岭许家集"。背面："本号开设文邑马岭许家集"，"认票不认人"，"灯下不付"。

　　绸庄是从事丝绸业贩运销售的商号。

　　文邑就是现在的文登市，在山东省东部，南临黄海，该地区传统产业有丝绸、服装、布鞋、绣品等手工业。

大成制丝所

　　大成制丝所民国二十八年（1939）临时流通券壹分。

　　此券的印制时间是民国二十八年九月。

　　制丝所即缫丝厂，将蚕茧用开水浸泡后抽出蚕丝的过程叫缫丝，早期为手工抽丝，后来普遍用缫丝机。

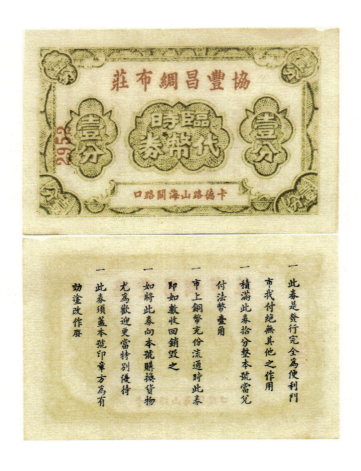

协丰昌绸布庄

　　上海市协丰昌绸布庄民国时期临时代币券壹分。

　　该券正面："协丰昌绸布庄"，"临时代币券"，"壹分"，"卡德路山海关路口"。
背面："一、此券是发行完全为便利门市找付，绝无其他之作用；二、积满此券拾分
整，本号当兑付法币壹角；三、市上铜币充分流通时，此券即如数收回销毁之；四、
如将此券向本号购换货物，尤为欢迎，更当特别优待；五、此券须盖本号印章，方
为有效，涂改作废。"

道生昌绸布号

  湖南省安化县道生昌绸布号民国二十二年（1933）叁角券。

  该券正面："安化县东正街"，"道生昌绸布号"，"叁角"，"民国廿二年"，"合成拾角兑洋壹圆"。背面："过细验明谨防伪造"。

  安化县在湖南省中部偏北，资水中游，北宋熙宁五年（1072）置县，县名取"民安德化"之意。民国年间安化商贸比较繁荣，因此留下的纸币很多。

祥云寿绸缎呢绒洋货号

　　山东省青岛祥云寿绸缎呢绒洋货号民国时期礼券拾圆。

　　该券正面："青岛祥云寿绸缎呢绒洋货号"，"礼券"，"拾圆"，"凭券取货，不兑现洋"，"青岛潍县路"，"济南四马路恒丰公司印"。背面："祥云寿"（英文），"青岛"（英文），"礼券"。

　　礼券一般票面设计精美，色彩艳丽，且面值较大，商号在节日庆典时向大宗客户作馈赠之用，可用于在本号购买商品。馈赠礼券是商号拉近与客户关系的营销手段。

锦成织造厂

　　湖南省益阳锦成织造厂戊午年（1918）厂票壹串文。

　　该券正面："益阳三堡"，"锦成织造厂"，"壹串文"，"验明真伪照兑市票"，"戊午锦成织造厂票"，"益阳从新石印局代印"。背面文字为锦成织造厂商品宣传广告："本厂开设益阳三堡土地庙上首，为提倡国货起见，研究实业，特在甬沪聘请超等名师，专织各种爱国提花、电光、条格等布，及袍料、被面、毛巾、线袜，一应俱全，工坚料实，花样翻新，出品精良，希图扩达，价值格外从廉，划一不二，童叟无欺。凡蒙各界诸君赏顾，无任欢迎。"

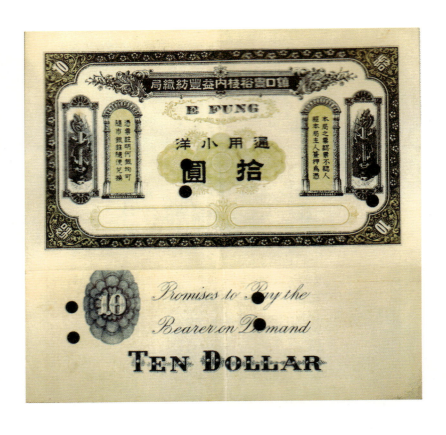

益丰纺织局

　　镇口丰裕栈内益丰纺织局民国时期通用小洋拾圆。

　　票面告知："本局之票,认票不认人,经本局本人签押为凭,凭票注明何银均可随市银钱随便兑换。"

　　我国纺织业历史悠久,是世界上最早饲养家蚕和织造丝绸的国家。"丝绸之路"就是例证。纺织局不但制造纺织品,还担负对外贸易职能。

鲜颐染坊

湖南省宁乡鲜颐染坊民国时期票钱壹串文。

该券正面："宁乡十都"，"陈公硚"，"鲜颐染坊"，"票钱壹串文"，"凭票即付拨兑官票"。

宁乡县名寓"安宁"之意，宁乡县是刘少奇的故乡。

染坊，民国时期经营丝绸、棉布、纱线和织物染色及漂白业务的作坊。

德顺源染厂

　　哈滨德顺源染厂民国时期赠券。

　　该券正面："哈滨"，"德顺源染厂"，"赠券"，"道外中七道街电话二九四一番"。背面文字为德顺源染厂的商品宣传广告："本厂自开办以来，所出各种染色早蒙赞许。兹为扩充营业，以应时代之必需起见，特购到大宗机器，聘到高等染师，专染各色'阴丹士林'色布。本厂之出品前门牌及本厂之各牌，染造精良，颜色美丽。兹为酬谢推销及惠顾者，凡本牌之士林色布，每匹均附有赠券一张，请将赠券盖章持至本厂营业部，兑换以下所列之各种赠品，照章兑取不误。"

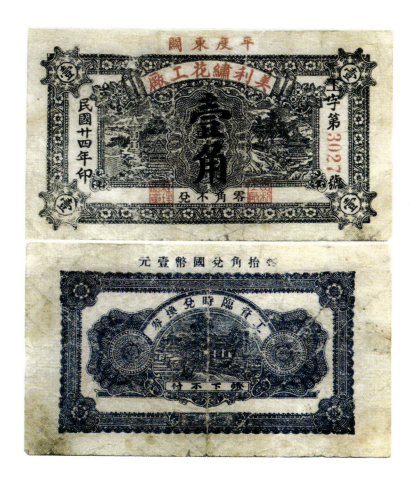

美利绣花工厂

  山东省平度美利绣花工厂民国二十四年（1935）工资临时兑换券壹角。

  该券正面："平度东关"，"美利绣花工厂"，"壹角"，"民国廿四年印"，"零角不兑"。背面："每拾角兑国币壹元"，"工资临时兑换券"，"灯下不付"。

  绣花工厂在民国年间是纯手工活，绣品主要是枕头、手绢、床单、门帘、各种罩单等用品。

福兴德花边庄

  山东省海阳福兴德花边庄民国二十八年（1939）叁角券。

  该券正面："海阳小刁家村"，"叁角"，"民国二十八年印"，"盛祥石印局印"。背面："零角不兑每拾角兑国币壹圆"，"灯下不付"。

  1929 年，刁洪升设立福兴德花边庄，资本 1000 元，从业人员 7 人，主要绣制衣物装饰花边、床上用品、摆设用具、单罩等花边，由于日本侵华，业务不畅，至 1942 年停业。

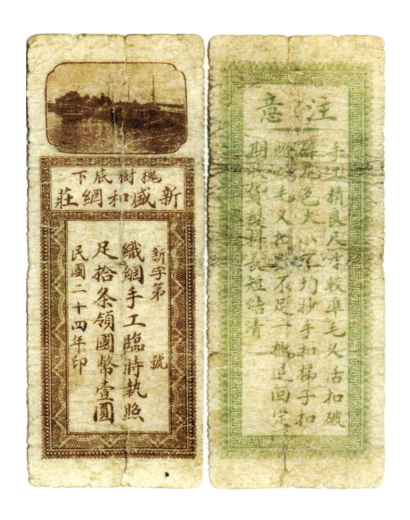

新盛和网庄

　　槐树底下新盛和网庄民国二十四年（1935）织网手工临时执照壹圆。

　　该券正面："槐树底下"，"新盛和网庄"，"新字第　　号"，"织网手工临时执照"，
"足拾条领国币壹圆"，"民国二十四年印"。背面："注意：手工精良，尺寸较准，毛
义活扣破碎，花色大小不均，抄手扣、梯子扣、灯烧毛义扣数不足，一概退回，定期
收货，发料长短结清。"

瑞聚丰洋布广货庄

    河北省巨鹿瑞聚丰洋布广货庄民国十九年（1930）贰角券。

    该券正面："巨鹿城内"，"瑞聚丰洋布广货庄"，"贰角"，"中华民国十九年印"，"每拾角换壹元"。背面火车图案及"贰"字。

    广货指广东生产的货物。近代以来，广州一直是重要的对外贸易口岸，因此，"广货"就成为外贸商品的代名词。庄，指私营商业中，由数人合资，规模较大，以批发为主的商号。

义生祥成衣店

　　山东省郓东义生祥成衣店民国二十二年（1933）贰角券。

　　券面文字："郓东二十里陈河口大街路南"，"义生祥成衣店"，"贰角"，"民国二十二年印"。

　　成衣店是定制服装的裁缝店，主要是指量体裁衣、为个人设计并制作衣服的商铺。与服装厂的区别是：服装厂面对经销商，成衣店面对个人。因非批量生产，所以衣服价格相对较高。

久成鞋店

久成鞋店民国时期优待券贰角。

该券正面："久成鞋店"，"优待券"，"贰角"，"总号法界泰康市场前门"，"分号天祥市场后门旁"，"长期优待"，"买货代价概不兑现"。背面："敬告诸君：本号现因扩充营业、提倡经济、维持新生活起见，特备优待券数万份，以应各界诸君买鞋时代价之优点，并且欢迎主顾比较货物是否真贱，当可不问便知。声明优待券宗旨：本号印此券专为推广销路、便利主顾为目的，决无虚伪行为。贵顾如持此券至敝号买鞋时，请先将鞋试妥后，问明该价若干再将此券取出即可，证明此券确否有效。章程列左：一、买男女皮鞋壹双省贰毛，过五元者省叁毛；二、女学式皮鞋省贰毛；三、男女便鞋省壹毛；四、小孩皮鞋省壹毛；五、买洋货过壹元者省壹毛，过两元者省贰毛，如多买以数类推。"

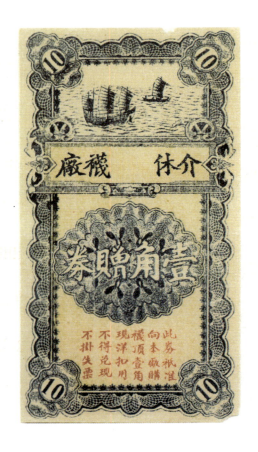

介休袜厂

　　山西省介休袜厂民国时期赠券壹角。

　　券面文字："介休袜厂"，"壹角赠券"，"此券只准向本厂购袜,顶壹角现洋扣用,不得兑现,不挂失票"。

　　赠券是工商企业按一定销售比例赠予消费者的代金券,可用于下次购物时搭配一定现金使用,是一种变相打折促销的手法。赠券概不兑换现金,余额不找。

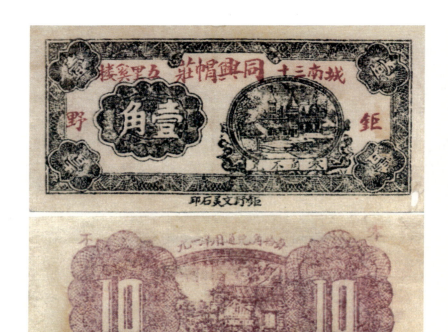

同兴帽庄

　　山东省巨野同兴帽庄民国二十年（1931）壹角券。

　　该券正面："巨野"，"城南三十五里奚楼"，"同兴帽庄"，"壹角"，"巨野文美石印"。背面："每拾角兑通用洋一元"，"民国二十年印"。

　　同兴帽庄是一个很小的手工作坊，只有几人，二台缝纫机，过去以翻洗旧礼帽为主业，后来生产草帽、四季帽、礼帽、圆顶帽等。

华丰源鞋帽店

陕西省西安华丰源鞋帽店民国二十四年（1935）优待券贰角。

该券为开幕纪念、酬谢主顾优待券。背面说明："新张扩充新生活之宗旨，由津运来皮革便履，式样维新而且价廉，兹为优待主顾特备此券，持此券来敝店购鞋，一双可省大洋贰角，限二十四年　　月有效，过期作废，欢迎各界驾临，便知不谬也。本主人谨赠。"

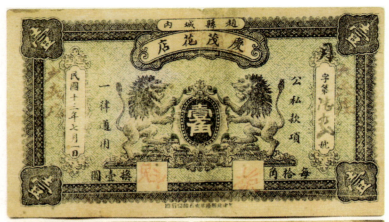

庆茂花店

河北省赵县庆茂花店民国十三年（1924）壹角券。

该券正面："赵县城内"，"庆茂花店"，"壹角"，"公私款项，一律通用"，"每拾角换壹圆"，"民国十三年七月一日"，"天津北马路华东石印局石印"。背面："赵县知事张，为通告事：照得县属各商，自出角票，日久弊生，若不加以取缔，影响市面甚大。兹特订印壹角、贰角票两种，令各取具妥保，送由商会、县署加盖图记，然后发行。从前各商旧票，一律作废，以期划一而昭信用，此布。中华民国十三年七月一日立。"

花店即经营棉花买卖业务的商店。

顾裕泰齐记花行

江苏省常阴沙三兴镇顾裕泰齐记花行民国二十九年（1940）伍分券。

该券正面："常阴沙三兴镇顾裕泰齐记花行"，"伍分"，"此票依本行硬印行章为凭"。背面：英文"顾裕泰花行"，"近因市上铜元缺乏，周转困难，特印伍分代价券一种，以应本镇商业上之需要，购货找零照常通用，凡积成百分得向本行兑换法币壹圆整"。

花行指经营棉花买卖业务的商行。常阴沙是苏州市沙洲县一个沙岛，原为江中沙渚，故名。

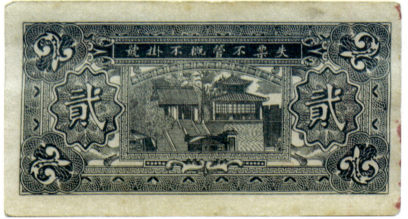

恒源茂花厂

　　山西省文水县恒源茂花厂民国时期贰分券。

　　该券正面："文水县北张家庄","恒源茂花厂","专为找零准备兑现","天津北马路华东石印局印"。背面："失票不管概不挂号","贰"。

　　花厂指加工销售棉花的工厂,如轧花厂等。

十四、医药、文教

  民国时期,医药与文教机构发行兑换券,也以"维持市面,补助金融"的名义,虽然它们标榜不以取利为目的,但如龙口亚东医院明确提出了发钞目的是"提倡公益、推广药品"。

  20世纪二三十年代,制钱严重缺乏,洋元整用不便,医药、文教部门,也模仿商号发行钱票,作为解决钱荒之法。规定不兑铜元,而是照市价支取零洋,余额以制钱补足。法币改革后,市场角票不足,交易不便,医药、文教部门所发纸币兑现条件是"零角不兑,每拾角兑国币壹圆"。一些书店、印馆,还发行购书代价券、赠券及有奖债券,目的是为了促进消费,扩充资金来源。

  医药、文教机构发行的纸币,很多纸币券面都印有文字说明。有的是发行章程,如宝山药房钱票;有的是该商号的广告宣传语,如亚东医院、天生利药局、恒兴合药庄钱票等;有的还说明该券的性质及使用范围,如大夏杂志公司购书代价券、吉云中学有奖债券;有的则印制古诗文名段名篇,其目的或出于附庸风雅,或作为防伪手段,如敬义药室钱票等。

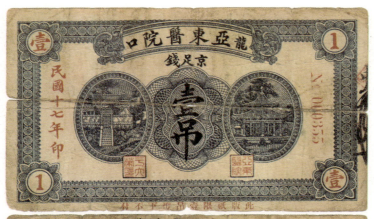

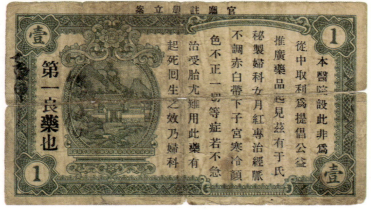

亚东医院

　　山东省龙口亚东医院民国十七年（1928）京足钱壹吊。

　　该券正面："龙口"，"亚东医院"，"京足钱"，"壹吊"，"民国十七年印"，加盖"亚东医院"章。"此版只限壹吊，灯下不付"。背面："官厅注册立案"，"本医院设此，非为从中取利，为提倡公益、推广药品起见，兹有于氏秘制妇科月红，专治经脉不调、赤白带下、子宫寒冷、颜色不正一切等症，若不急治，受胎尤难，用此药有起死回生之效，乃妇科第一良药也"。

卫生医馆兑换券

山西省文水县卫生医馆民国二十七年（1938）兑换券壹角。

该券正面："文水县下曲镇"，"卫生医馆兑换券"，"壹角"，"每拾角兑大洋壹圆"，"民国二十七年印"。背面："维持市面补助金融"，"夜不兑换"。

该卫生医馆位于镇上，附设门诊、药房和病房，是本镇范围内患者寻医问药之所。

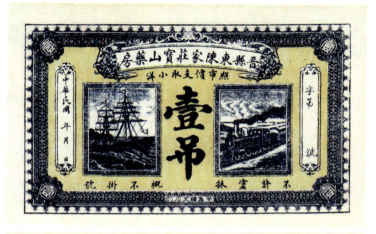

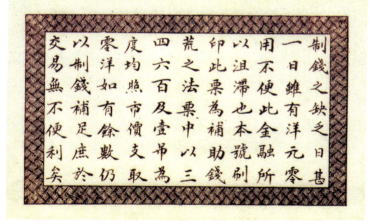

宝山药房

　　河北省晋县东陈家庄宝山药房民国时期壹吊券。

　　该券正面："晋县东陈家庄宝山药房"，"照市价支取小洋"，"壹吊"，"中华民国　年　月　日"，"不许涂抹概不挂号"。背面："制钱之缺乏日甚一日，虽有洋元，零用不便，此金融所以沮滞也。本号刷印此票，为补助钱荒之法，票中以三、四、六百及壹吊为度，均照市价支取零洋，如有余数，仍以制钱补足，庶于交易，无不便利矣。"

福寿堂药栈

　　山东省菏泽皇镇集福寿堂药栈民国时期壹角券。

　　该券正面:"菏泽县城东皇镇集","福寿堂药栈","壹角","每拾角兑法币壹圆"。

　　药栈就是较大的药材店,除收购、销售药材外,常聘请附近名医定期来药栈坐诊,开出的药方就在该药栈配药。

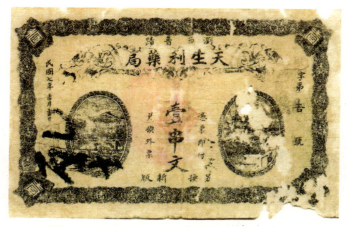

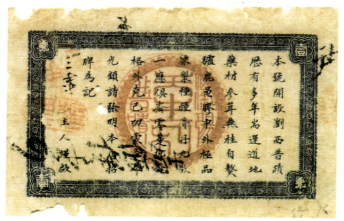

天生利药局

　　湖南省浏阳天生利药局民国七年（1918）壹串文券。

　　该券正面："浏西普迹"，"天生利药局"，"壹串文"，"民国七年吉月吉日"，"凭票即付兑换外票"，"另换新版"。背面："本号开设浏西普迹历有多年，崇运道地药材，参茸燕桂，自熬驴鹿龟胶，中外极品，炼制种种膏丹丸散，一应俱齐，零趸批发格外克己，叨蒙各界光顾，请验明本店招牌为记。主人谨启。"加盖"浏阳普迹天生利"印章。

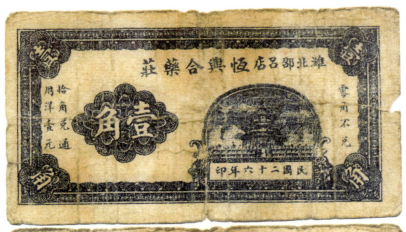

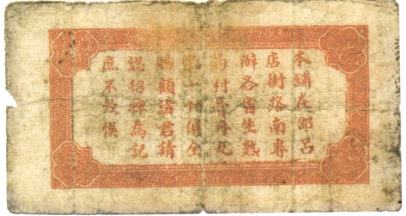

恒兴合药庄

　　山东省潍北邵吕店恒兴合药庄民国二十六年（1937）壹角券。

　　该券正面："潍北邵吕店恒兴合药庄"，"壹角"，"零角不兑"，"拾角兑通用洋壹元"，"民国二十六年印"。背面："本铺在邵吕店街路南，专办各省生熟药材、膏丹丸散，一切俱全。赐顾诸君，请认招牌为记，庶不致误。"

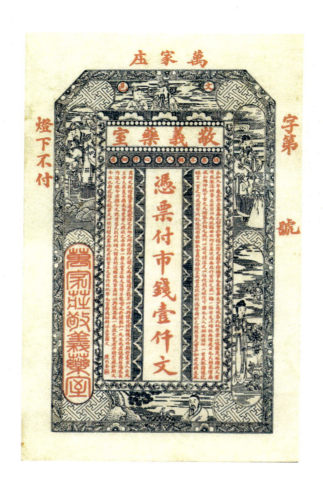

敬义药室

山东省文邑万家庄敬义药室民国时期壹仟文券。

票面文字："文邑"，"万家庄"，"敬义药室"，"凭票付市钱壹仟文"，"灯下不付"，"认票不认人留心仔细看"，加盖"万家庄敬义药室"章，印《兰亭集序》全文。

药室是兼给患者看病的药材铺，位于村庄或集镇的中心地带，主治一般常见病症。

万国春药号

　　江苏省徐州万国春药号民国二年（1913）铜元伍拾枚。

　　该券正面："徐州"，"万国春药号"，"铜元伍拾枚"，"凭票即付执此为照"，"中华民国二年五月吉日"。背面："徐州城内"，"南门大街"，"蔡鉴记庄"。

　　万国春药号位于徐州城内，规模比药室大，经营药材品种齐全，既研制丸、散、膏、丹等成药出售，还附设加工炮制饮片、中成药和汤剂的工场，兼销售各省优质药材。

唐拾义良药

　　香港唐拾义良药民国时期验真券拾元。

　　该券正面:"唐拾义良药","验真券","香港","姓名商标","肖像商标","注册商标","总发行所唐拾义大药厂"。背面:"香港专用唐拾义注册商标","一、此券为杜假冒而设,请验真。此券悉以雕刻铜版用制钞票机器印成;二、请将此券交回香港文咸东街四十号唐拾义药厂,即有本厂灵验药品奉赠;三、此券换药,勿交各代理店经手,俾藉查各处代理有无假冒;四、请填写此药购自某埠某街某号;五、请填写服药者姓名住址。俾将赠品奉送,若漏填写恕难奉赠。"

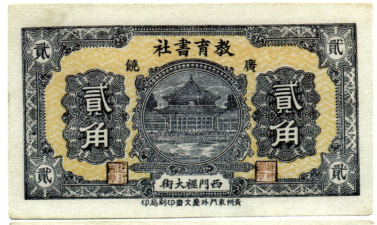

教育书社

　　山东省广饶教育书社民国时期贰角券。

　　该券正面："广饶"，"西门里大街"，"教育书社"，"贰角"，"青州东门外庆文斋印刷局印"。背面："留神细看"，"灯下不付"，"每拾角兑大洋壹圆零角不兑"。

　　古人称"读书的会社"为书社，这里的教育书社应是销售图书的书社。

正文书局

　　河北省故城县正文书局民国二十二年（1933）铜元贰吊。

　　该券正面：“故城县南关”，“正文书局”，“凭票取尨铜元贰吊整”，“中华民国二十二年三月一日正文书局票”，“天津北马路华东石印局印”。背面：“留神细看”，“失票不管，概不挂号”。

　　“书局”一般相当于现在的出版社，但当时书局、书店、印书馆等，大多是兼营出版、发行甚至印刷的机关。故城县正文书局应属于该书局设于当地的图书销售分支机构。

鸿顺书庄

　　山东省无棣鸿顺书庄民国十九年（1930）贰角券。

　　该券正面："鸿顺书庄"，"贰角"，"中华民国十九年印"，"无棣文业印刷局印"。

背面："失票不管概不挂号"，"零角不兑现拾角换壹圆"，"灯下不付"。

　　书庄，即图书销售商店。

老周虎臣笔墨庄

上海老周虎臣笔墨庄民国时期代价券壹分。

该券正面:"法租界","兴圣街","老周虎臣笔墨庄","代价券","壹分","上海","此券积满拾分可向本号兑换法币壹角,券面需有本号图章硬印为凭",加盖"老周虎臣之印"。背面:"精制各种毛笔徽墨,行销已历二百余年,只此一家,并无分出,认明虎标,庶不致误。"

创始人周虎臣,江西临川李家渡人、笔工出身,于清康熙三十三年(1694)在苏州创建周虎臣笔墨庄,清同治五年(1866)到上海兴圣街(今永胜路)开设分店。

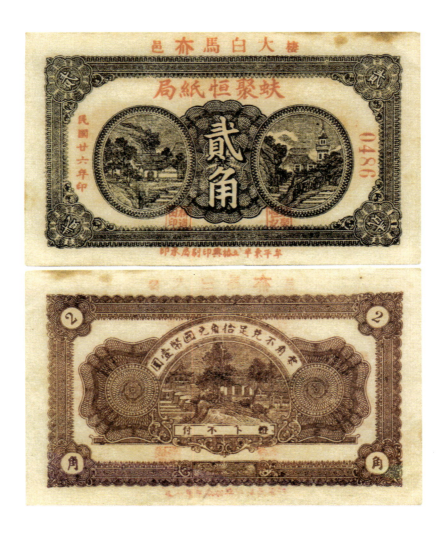

蚨聚恒纸局

　　山东省栖邑蚨聚恒纸局民国二十六年（1937）贰角券。

　　该券正面："栖邑大白马夼"，"蚨聚恒纸局"，"贰角"，"民国廿六年印"，加盖"蚨聚恒记""柳道田印"。背面："零角不兑，足拾角兑国币壹圆"，"灯下不付"。

　　纸局是指有一定规模的纸品销售机构，除零售外，还兼营批发业务，并提供送货上门服务。

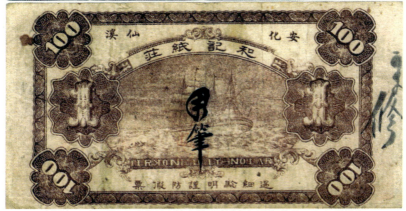

和记纸庄

　　湖南省安化和记纸庄民国十六年（1927）壹圆券。

　　该券正面："安化仙溪"，"和记纸庄"，"壹圆"，"凭票即付银洋壹元"，"中华民国十六年印"。背面："安化仙溪"，"和记纸庄"，"过细验明谨防假票"。

　　纸庄是制纸的作坊及商铺，当时能加工的纸基本上是比较粗糙的黄裱纸、毛边纸、书皮纸、油纸等。

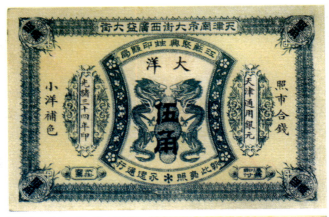

聚兴甡印钱局

　　天津江苏聚兴甡印钱局光绪三十四年（1908）大洋伍角。

　　该券正面："天津南市大街西广益大街"，"江苏聚兴甡印钱局"，"大洋"，"伍角"，"照市合钱小洋补色"，"天津通用银元"，"执此为照永远通行"，"光绪三十四年印"，"凭票即付不挂失票"。背面："聚兴甡印钱局"（拼音）。

　　印钱局是印制钱票的印刷厂。无论任何年代，印钱都是采用同时代最好的技术、设备及工艺。

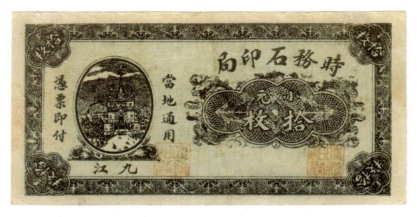

时务石印局

  江西省九江时务石印局民国十四年（1925）小元拾枚。

  石印技术 18 世纪末在德国出现，19 世纪在欧洲普及。西方传教士将其传入中国。英国人在上海开设的点石斋石印局，印制了大量图书和期刊。到 20 世纪初，石印技术广泛用于印制商号钱票。

  时务石印局是当时九江主要的印刷厂之一，很多钱票均由该局印制。除印制钱票外，还印制书籍、广告、杂志、商标等，生意比较红火。

土木工程学院消费合作社

交通大学唐山土木工程学院消费合作社民国十九年（1930）壹角券。

消费合作社是合作社之一种，社员出资入股，统一批发购买消费品，不通过中间商，既降低购货价，也减少交易成本。社员费用共摊，余利共享。交通大学唐山土木工程学院消费合作社专司教育用品方面的消费，属于特种消费合作社。券面规定"每拾角兑大洋壹圆"。交通大学唐山土木工程学院，其前身是创建于1896年的山海关北洋铁路官学堂。后迁至唐山，改名为唐山路矿学堂，后多次易名。习惯上被称为唐山交通大学。

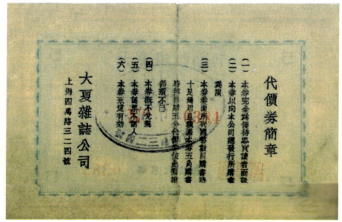

大夏杂志公司

上海大夏杂志公司民国时期购书代价券五分。

该券正面："大夏杂志公司"，"购书代价券"，"五分"。背面："代价券简章：（一）本券完全为优待忠实读者而设；（二）本券以向本公司总发行所购书为限；（三）本券券面所列国币数目，购书时十足通用，且积满本券五角购书时将再赠五分代价券，依此类推，循环不已；（四）本券概不兑现；（五）本券认票不认人；（六）本券永远有效。大夏杂志公司，上海四马路三二四号。"

吉云中学

　　吉云中学民国三十七年（1948）有奖债券壹圆。

　　该券正面："吉云中学有奖债券"，"金圆"，"壹圆"，加盖"吉云中学董事会印"。背面："吉云中学董事会有奖债券办法：一、本债券由吉云中学董事会发行，藉以维持经费；二、本债券定额壹万张，每张金元券一元；三、本债券自发行日起四十天后开奖一次。头奖一张，得金元券一百元；二奖二张，各得金元券五十元；三奖三张，各得金元券二十元；四、中奖债券之资金于开奖后五天，持中奖债券到本会领取，如逾期一月不来领取者，该奖金作为捐助本校；五、本债券开奖后，其未中奖者仍得向本会兑换金元券，至收回日期另行公布；六、本债券清偿办法，每伍张向本会兑换金元券五元；七、本债券定于卅七年十二月十日发行之。"

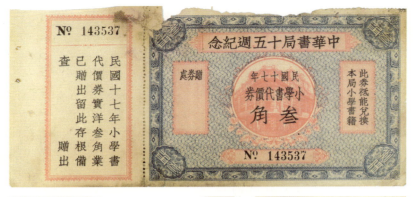

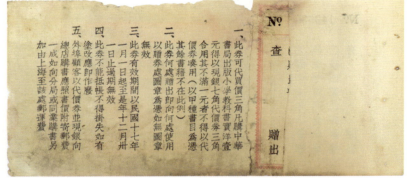

小学书代价券

上海中华书局民国十七年（1928）小学书代价券叁角。

该券是为纪念中华书局成立十五周年而发行的特种赠券，只能兑换该局出版的小学书籍。背面："一、此券可代买价三角，凡购中华书局出版小学教科书实洋壹元，得以现银七角代价券三角合用，其不满一元者不得以代价券凑用（以甲种书目为凭，其余书籍不在此例）；二、此券何处赠出即向何处使用，以赠券处图章为凭，无图章无效；三、此券有效期间以民国十七年一月一日起至是年十二月三十一日止，过期无效；四、此券不能抵账，不得挂失，如有涂改应即作废；五、外埠顾客以代价券并现银向总店购书，应照书价附寄邮费一成；如向分局或同业购书，另加由上海至该处邮运费。"

十五、日杂百货

民国时期，各种杂货商店发行的钱票，是诸多兑换券中品种最杂、数量最多、流通最广、周转最频繁的。如民国早期由炉房发行的银元票、银两票，可代替现银流通市面，并保证随时兑现，因而此种票券最具信用，也最受市场欢迎。其次是一些地区因辅币不敷使用，由商号联合起来发行的兑换券，如"民国二十年牟市商号临时流通券"，其虽具有普遍流通性（持券者可在所辖区内购买各种商品），但大多流通时间不长，区域不广。

20世纪30年代，辅币日渐匮乏，各地市场出现了纸币角票，代替过去的铜元、制钱。其发行者尤以百货店、各种专营商店等为最多。其票面一般都注明"零角不兑，每十角兑一元"，或规定"不兑铜元，可兑外票"等，反映了当时铜元等辅币不足的现象非常严重。商号印票，还明确注明"代兑处"，往往是指某处某商号。以上信誉最差者当属专营商店发行的钱票，究其原因，其一是流通范围有限，因独家发行，外界不能接受。其二是鱼龙混杂，常出现不能兑现而倒闭者，使百姓利益受损。

为维护地方金融秩序，由一些市县商会出面维持，自商号中择其善者，准予发行钱票，并取具多家连结，共维信用。但即使如此，商会作为公益团体，也很难成为维护市面票币信誉的权威机构。因此，民国时期，不经商会等机构而私自发钞者甚多。民国各级政府虽多次下令查禁，亦常无果而终。

公盛炉

　　山东省海阳县堡上村公盛炉民国二十八年（1939）壹圆券。

　　明末已从银铺、银店中分出"银炉"，凡经政府批准设立的叫官炉，反之叫私炉。主要业务就是把收缴上来的不同形状、不同成色的银两，统一熔铸，以方便留存和上解国库。私炉南方称银炉，北方称炉房，冶银铸宝为专业，每次改铸，银炉从中诈取火耗。公盛炉应是北方的银炉。

　　　　　　　　　　　　　　　　　　　　　　纸币三百六十行

福和冶坊

　　湖南省益阳福和冶坊民国元年（1912）当十铜元壹伯枚。

　　该票正面："益阳"，"福和冶坊"，"凭票发当十铜元壹伯枚正"，"民国元年叁月吉日票"，"州字第六百六号"，"验看真伪谨防假冒"，"斛换外票不兑铜元"。背面："益阳黄溪桥下首"，"福和冶坊"。

　　冶坊和炉房的区别是：炉房铸银两；冶坊冶炼铜铁，打制、改造各种农具及其他生产、生活用品用具。

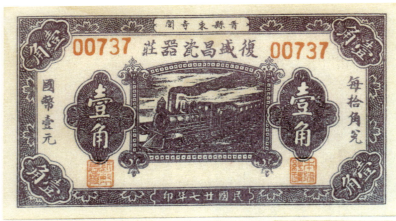

复盛昌瓷器庄

河北省晋县复盛昌瓷器庄民国二十七年（1938）壹角券。

该券正面："晋县东寺间"，"复盛昌瓷器庄"，"壹角"，"每拾角兑国币壹元"，"民国廿七年印"。背面："1938"，"晋县东钓鱼台尚文石印局印"。

瓷器店是专门经营碗、盘、勺、壶、碟等家用瓷器买卖的商店。

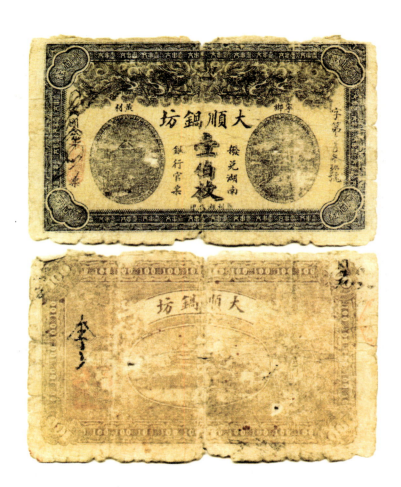

大顺锅坊

　　湖南省宁乡大顺锅坊民国时期壹伯枚券。

　　该券正面:"宁乡黄材","大顺锅坊","壹伯枚","拨兑湖南银行官票","利相代印"。背面:"大顺锅坊"。

　　锅坊是制作锅的作坊,可附设销售锅具的店铺。

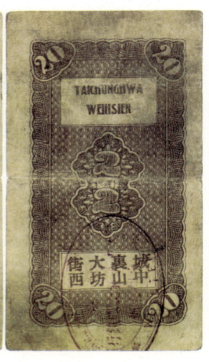

大中华表行

　　山东省潍县大中华表行民国二十二年（1933）贰角券。

　　该券正面："潍县"，"大中华表行"，"民国廿二年"，"贰角"，"拾角兑通用洋壹元零角不兑"，"潍县"，加盖"大中华印"和"经理图章"，"潍县东关和记印刷局胶版印"。背面："城里大街中山坊西"。

　　表行以修理为主，销售为辅，修理及销售的主要有挂钟、怀表、手表等。店家承诺对修理过的钟表一年内出毛病包修不收费，对售出的钟表包退包换。

永合生木店

山西省崞县永合生木店民国二十四年（1935）壹角券。

该券正面："崞县神山"，"永合生木店"，"壹角"，"每拾角兑大洋壹圆"，"民国二十四年印"。背面："维持市面辅助金融"。

木店是经营木制品制作和销售的商店，如家具、农具、用具等。

永大麻行

　　湖北省阳新县永大麻行民国十七年（1928）贰串文券。

　　麻行是经营麻纺织品的行业，用麻纤维可搓绳、织布、制巾、制麻布、麻袋等生活用品，还能造纸。清代及民国年间，最好的印钞纸就是麻纸或棉纸。麻纤维强度很高，不易腐烂，是纺制夏衣、帆布、消防水带、绳索、渔网的最好原料。

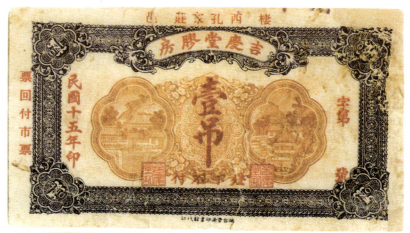

吉庆堂胶房

　　山东省棣邑吉庆堂胶房民国十五年（1926）壹吊。

　　该券正面："棣邑西孔家庄"，"吉庆堂胶房"，"壹吊"，"灯下不付"，"民国十五年印"，"烟台丰源印书馆代印"。背面为英文："可兑地方币"，"灯下不付"。

　　胶房主要是熬制生活生产用胶的作坊，如牛皮胶、鱼肚胶、树胶、橡胶等。

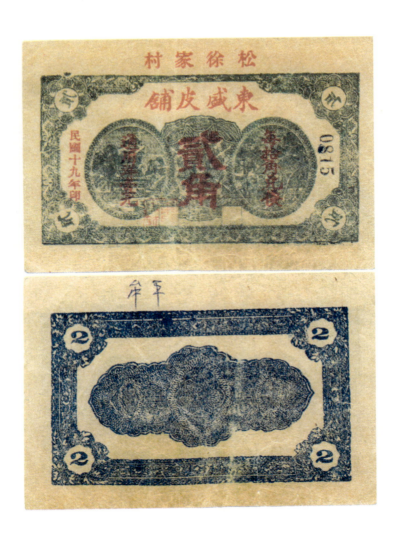

东盛皮铺

　　松徐家村东盛皮铺民国十九年（1930）贰角券。

　　该券正面："松徐家村","东盛皮铺","贰角","每拾角兑换通用洋壹元","民国十九年印"。

　　皮铺，又叫皮匠铺，是皮革制作的作坊或商铺，以猪皮、羊皮或牛皮等为原料，制成皮鞋、皮带、皮包、马具等用品后出售。

源发祥碗店

河北省献邑沙洼源发祥碗店民国时期凭帖取尵京钱伍吊。

该券正面："献邑沙洼"，"源发祥碗店"，"凭帖取尵京钱伍吊整"，"天津宫北东华石印局石印"。

碗店是日杂商店的一种,虽然叫碗店,但也经营日常日用杂货,如:锅、勺、盆、筷子等。

女子商店

　　江西省九江女子商店民国时期铜元拾枚。

　　该券正面："九江女子商店"，"铜元拾枚"，"本店发行此票实为便利"，"九江"，"信实通商"。背面："九江女子商店"，"凭票即兑当十铜元拾枚"，"过细验明，谨防假票"，"本店自运中西杂货、定织毛绒物品、兼绣各种屏联"，"九江商裕印局馆代印"。

　　女子用品专卖店极为罕见，这体现了当时女权运动日益高涨的情势。

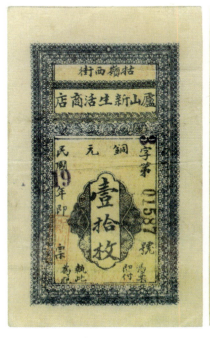

新生活商店

江西省庐山新生活商店民国十九年（1930）铜元壹拾枚。

新生活运动是国民政府推出的国民教育运动,其核心就是礼义廉耻。古人云:"礼义廉耻,四维既张;四维不张,国乃灭亡。"庐山是新生活运动的发源地,从庐山到南昌,从江西到全国,轰轰烈烈。在提高国民素质、争取国际认同的新生活运动中,宋美龄起到了主导作用。

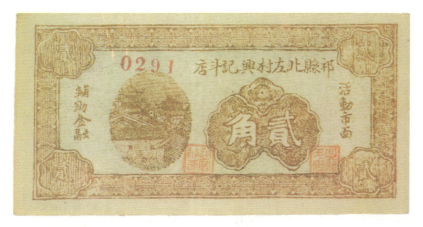

兴记斗店

　　山西省祁县北左村兴记斗店民国二十六年（1937）贰角券。

　　该券正面："祁县北左村兴记斗店"，"贰角"，"活动市面辅助金融"。背面："每拾角兑壹圆"，"民国二十六年"，"贰角"，加盖"祁县北古村兴记斗店"印章。

　　斗是量粮食的器具，多为木制，一斗为十升。这种斗店主要是生产斗，然后是销售、维修等。

海通裕灯罩庄

江西省九江海通裕灯罩庄民国时期当拾铜元拾枚。

该券正面："九江西门外"，"海通裕灯罩庄"，"过细验明"，"凭票即付"，"民国本年本月日"。背面："单铜元壹拾枚"，"本庄专运一切名厂各种灯罩，兼卖牛羊杂皮，特别减价分销，零售批发克己。本庄谨启"，加盖"九江西门口内正街"印章。

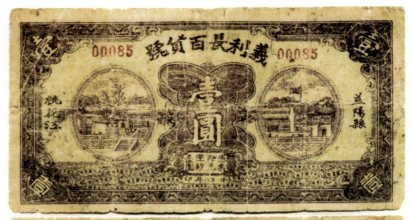

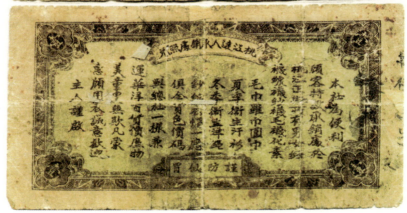

义利长百货号

湖南省益阳县义利长百货号民国二十四年（1935）壹圆券。

该券正面："益阳县桃花江"，"义利长百货号"，"凭票即兑国钞壹圆"，"廿四年印"。背面："桃江达人承销处照兑"，"本社为便利顾客,特设承销处于桃江正街。所有男女丝袜、线袜、纱袜、毛袜、化素毛巾、罗巾、围巾、夏季卫生汗衫、冬季卫生洋绳、纱丝彩绢,一应俱全,货色价码与总社一样。兼运华洋百货,价廉物美,童叟无欺。凡蒙惠顾用表,诚意欢迎。主人谨启"。

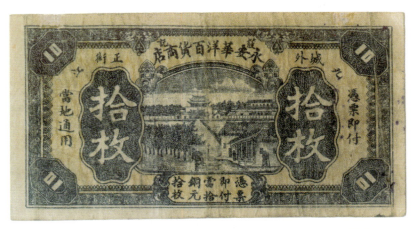

华洋百货商店

　　江西省九江永安华洋百货商店民国时期铜元拾枚。

　　永安华洋百货，专营中国南洋兄弟烟草公司、新加坡陈嘉庚橡胶公司的各种产品，批零兼营。经理辛文德。抗日战争中，该商号毁于战火，抗战胜利后复业重建。

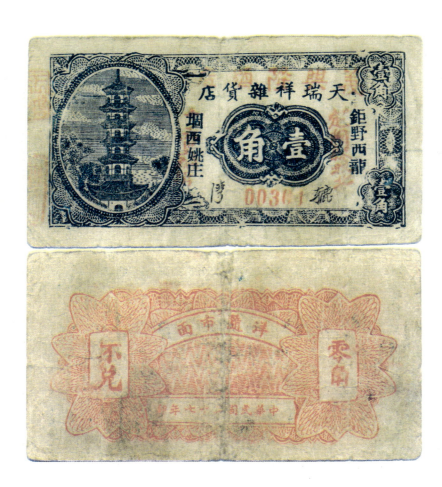

天瑞祥杂货店

　　山东省巨野天瑞祥杂货店民国二十七年（1938）壹角券。

　　该券正面："巨野西龙堌西姚庄"，"壹角"。背面："零角不兑，洋随市面"，"中华民国二十七年印"。

　　杂货店是销售各种日用品及食品的零售商店。杂货店特色是"麻雀虽小，五脏俱全"，凡居家用品，大多皆可购得。杂货店常设于集市或村头等交通便捷之处。因交易量大且频繁，杂货店是所有商号中发行票券最多的。

复盛杂货号

　　江西省九江复盛杂货号民国十五年（1926）当拾铜元拾枚。

　　该券正面："复盛杂货号"，"当拾铜元拾枚"，"九江西门口马路"，"民国十五年即月即日兑"。背面："复盛杂货号"，"对兑处"，"信实通商"，"九江商裕印务馆印"。

　　杂货号，经营范围同杂货店，但多从事批发业务，有的兼营零售。

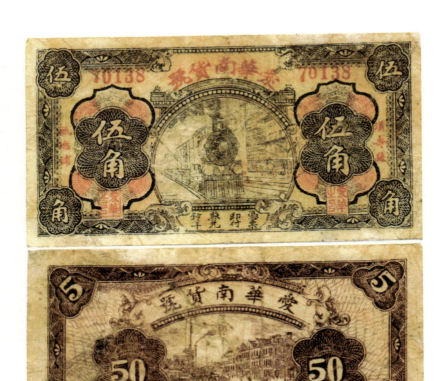

爱华南货号

　　湖南省汉寿县爱华南货号民国时期伍角券。

　　该券正面："汉寿县毓德铺"，"爱华南货号"，"伍角"，"凭票即付，照兑钞洋"。背面："爱华南货号"，"另换新版"。

　　南货是指长江以南地区盛产的商品，泛指北方没有的南方果品、甜点茶食、腊肉腌货、干果海味等，如金华火腿、绍兴黄酒、南京板鸭、岭南干果，都是南货中之代表者。南货号即经营南货的商铺。

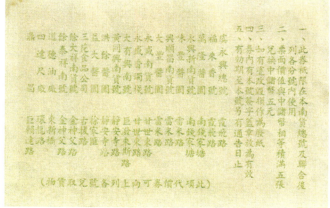

南货总号

上海虞永兴南货总号1942年储备法币临时代价券壹圆。

背面文字："一、此券只限在本南货总号及联合后列各分号内使用；二、票面价值与中储币相等，积满五张兑换中储币五元；三、如有涂改毁损作为废纸；四、券内有本号签字盖章方为有效；五、有效期至本号另有通告日止。"票左分列包括"虞兴南货总号"在内共19家商号作为兑换处。注：中储币即中央储备银行币。

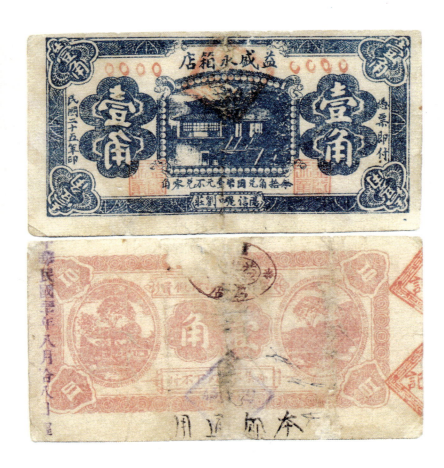

益盛永箱店

　　山东省阳信益盛永箱店民国二十五年（1936）壹角券。

　　该券正面："益盛永箱店"，"每拾角兑国币壹元，不兑零角"，"凭票即付"，"民国二十五年印"，"阳信堤口刘庄"。背面加盖"益盛永箱店"印章及"中华民国三十年八月十八日"日期戳印。

　　民国年间，箱店里的箱一般指木箱，有编的柳条箱、纸壳糊的纸箱，也有少许皮箱。木箱中最好的是樟木箱，可防虫、防潮。

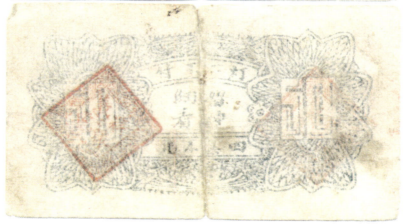

义聚成铁货庄

　　山东省阿邑义聚成铁货庄民国二十七年（1938）伍角券。

　　该券正面："阿邑城北许家楼庄"，"义聚成铁货庄"，"伍角"，"民国二十七年印"。背面："留神细看"，"灯下不付"，"四集不兑"。

　　铁货庄类似于五金店，主要销售各种铁制器皿，包括铁制农具和家用炊具，如铁铲、铁锅等。

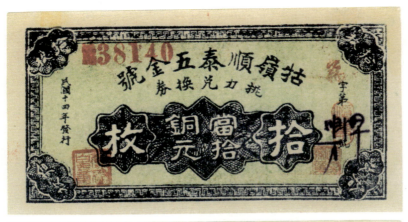

顺泰五金号

　　江西省牯岭顺泰五金号民国十四年（1925）挑力兑换券铜元拾枚。

　　五金用品就是用铜、铁、铅、铝、锌制成的生活用品，如锅、勺、盆、钉、镙丝、合叶等金属用具，达数百种之多，是人们不可缺少的生活用品。票背的九江代兑处之"涌兴裕、晋和源、余春和"三家，均为五金行业之老字号，特别是"涌兴裕"，声誉远播长江中下游地区。

　　　　　　　　　　　　　　　　　　　　　　　　　　　纸币三百六十行

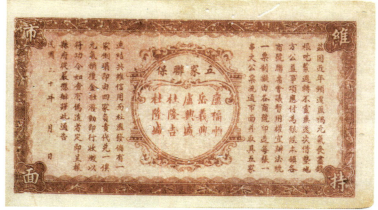

商号临时流通券

  湖北省通城县牮市商号临时流通券民国二十年（1931）铜元壹串文。

  该券正面："牮市商号临时流通券"，"铜元壹串文"，"商号卢福顺代兑"，"凭票即付执此为照"。背面："维持市面"，"兹因近年频遭匪祸，元气丧尽，钱根吃紧，周转不灵。兼迭次借垫地方公益事项，应付为艰。经本镇各商号联席会议，暂用权宜办法，统一票制，拟由各商号印造每张一串文公票，流通市面，并取具五家连结共维信用，而杜滥发。倘有一家倒塌，即由四家负责代兑。一俟元气稍复，金融泼动，即行收毁，以符功令。如查有伪造者，定即呈报县府，从严惩办。谨此通告。民国二十年　月　日"，"五家联保：卢福顺、岳义典、卢兴盛、杜隆吉、杜隆盛"。

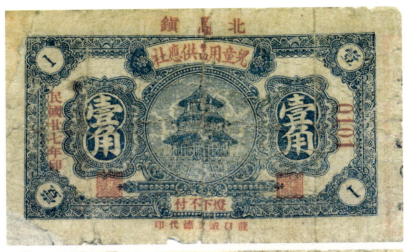

儿童用品供应社

　　北高镇儿童用品供应社民国二十七年（1938）壹角券。

　　该券正面："北高镇"，"儿童用品供应社"，"灯下不付"，"民国廿七年印"，"龙口诚□德代印"。背面："每伍拾角兑国币伍圆"。

　　儿童用品供应社主要经营童装、童鞋、玩具、食品、小百货等。

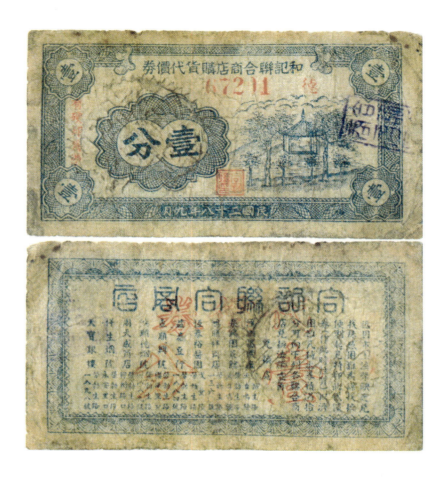

联合商店购货代价券

和记联合商店民国二十八年（1939）购货代价券壹分。

该券正面："和记联合商店购货代价券","壹分","民国二十八年九月","有硬印为凭"。背面："和记联合商店","代价券壹分","近因市上法币缺乏,兑找殊感困难,为谋找换便利起见,特印此代价券（作临时性质）以济困难。凡持本券,积满拾分,可向下列各联合商店兑换法币壹角",并列出"恒泰裕酱园、周天成商店、天宝银楼"等十处商店作为兑换处。

和平商号

江西省九江和平商号民国十七年（1928）壹串文。

该票是"凭票即付当十铜元"之票。当时的壹串就等于一百枚铜元。背面的兑换处有"环城马路二十一号申新公司、环城马路二十四号张裕昌分庄、官牌夹祥裕棉花厂"，说明该票信誉极佳。

十六、娱乐、服务业

　　民国时期,在一些商品经济较发达的市、县,如上海、汉口等,很多商号发行临时代价券、引换券、便利券、赠券等,流通市面。

　　这些票券特别是代价券的流通,以抗战时期的上海最为典型。1939年,日本在占领区大肆收集各种金属,以作枪炮之用,致使上海等地铜元、铜币大量减少,日常交易因辅币缺乏而难以进行,有店家用邮票代替辅币,但其极易污损,且市场运转不灵。于是少数商家开始印制代价券做交易之用,从此便一发不可收拾,百业投入,竞相仿效。不仅店肆商号、电车汽车公司积极参与,电影院、戏院、舞厅、游乐场,甚至学堂、马场等也都纷纷加入。发行的代价券面值有壹分、贰分、伍分及壹角、贰角、伍角等,个别有壹圆。发行代价券的店家成千上万,发行额更是不计其数。因是商家自行印制,代价券在大小、式样、内容、色彩、质量等方面,花样百出。代价券之所以广为流通,并盛极一时,是因为它缓解了当时铜辅币缺乏带来的交易困难,起到维持市面稳定的作用。但随着战争深入和物价飞涨,小面值的代价券便失去了意义,并最终退出市场。

　　赠券则是为了扩大交易量,吸引客户从事更多消费而发行。另外,各娱乐业发行的票券,一般不能用于其他交易,即只能专款专用。于是,在提升了消费率的同时,也扩大了消费规模。天蟾舞台发行的临时代价券,规定"每五张掉国币五圆",也是一种限制交换的举措,发行者借机可扩大资金使用效率。

大上海大戏院

　　大上海大戏院民国三十年（1941）代价券贰角。

　　该券正面："大上海大戏院"，"代价券"，"贰角"，"此券只限本院通用概不兑现"，"中华民国三十年印"。背面为英文："大上海大戏院"，"贰角"，"1941"。

　　位于西藏路的大上海大戏院于1933年11月建成，占地面积1100平方米，建筑面积3300平方米。前部5层，后部是观众厅。观众厅分上下两层，共有1750个座位。厅内造型现代化，放映设备先进。该戏院是20世纪30年代上海第一流的戏院。

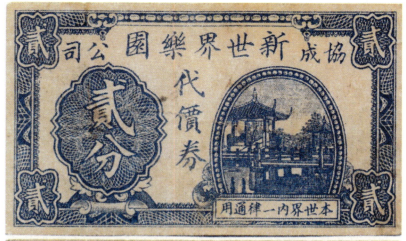

新世界乐园

  上海协成公司新世界乐园民国时期代价券贰分。

  该券正面:"新世界乐园","协成公司","代价券","贰分","本世界内一律通用"。背面为英文:"新世界乐园","贰分"。

  新世界乐园内有许多小型剧场,分演各种戏曲、曲艺、歌舞、杂技、电影等。此外还有溜冰、跑驴等娱乐项目,以及各种饮食部,是上海人民喜爱的场所。

快乐公司

  快乐公司玖圆券。

  该券正面:"快乐公司","不作市用","玖圆"。背面:"快乐香糖","概不流通市用"。

  该券仅限于在该公司内部购物之用,性质相当于一些百货公司的代金券或赠券。只要在该公司内购物、游玩、娱乐,一律通用。

天蟾舞台

上海天蟾舞台民国三十一年（1942）临时代价券壹圆。

该券正面："天蟾舞台临时代价券"，"壹圆"，"此券以本台骑缝图章为凭否则无效"，"每五张掉国币五圆"，"中华民国卅一年印"。背面为英文："天蟾舞台"，"临时代价券"。

天蟾舞台是上海著名的剧院，位于上海市福州路。民国十四年（1925）由三元公司投资兴建，到1926年2月开业，时名大新舞台。1928年更名上海舞台，并附设影戏部放映日场电影。1930年后，先后改为天声舞台、天蟾舞台。20世纪20至40年代，京剧史上许多有影响的演员在此登台，如梅兰芳、周信芳、盖叫天等。如逢大会串更是名角云集，曾有"不进天蟾不成名"之说。该剧院建筑面积6200平方米，分四层，屋顶呈拱型覆盖整个内场观众厅，可容观众近4000人，为当时上海最大的剧场。

西商赛马场

湖北省汉口西商赛马场民国时期兑换券壹圆。

该券正面："汉口西商赛马场"，"兑换券"，"壹圆"，"此券只限赛马期内作用，过期作废"。背面有赛马场图。此种兑换券从限期使用来看实际相当于赠券。

汉口西商跑马场建于光绪三十年（1904），由英国人倡议，法、德、俄商人参与组成。民国初年，美、日商人相继入伙成为会员，因此又有"六国跑马场"之称。马场占地 2000 平方米，可容纳近万人，每逢春秋两季进行赛马，每次赛马七天，每天赛十余场。赛马是公开的赌博，由外国人主持，但受中国政府保护。

春季赛马引换券

　　山西省崞县春季赛马民国三十二年（1943）引换券壹圆。

　　票面文字："崞县春季赛马引换券"，"场所：崞县西门外"，"每券换马券或彩票壹张"，"有效期间中华民国三十二年阳历四月七日、八日、九日，阴历三月初三、四、五日"。

　　"引换券"在日文中相当于"代金券、购物券"，一般为商家促销之法。消费者在抽奖、购货时被赠予，可据此换购商品，相当于打折购物。赛马引换券则可在购买赛马会门票时可抵作现金。

法商赛跑会

上海逸园法商赛跑会民国二十九年（1940）壹角券。

该券正面："法商赛跑会"，"壹角"，"逸园"，"此票只限于本场内使用，场外概不流通"，"中华民国二十九年印"。背面："法商赛跑会"（法文），"壹角"（英文），"1940"，"此券只在逸园内部使用，园外不可用"（英文）。

法商赛跑会（逸园）是上海最大的赛狗赌博场所，1928 年由法国人邵禄伙同黄金荣、杜月笙等发起成立，集资 60 万元，在亚尔培路（今陕西南路）开设逸园跑狗场，占地 100 余亩。当沪上另两处跑狗场所申园、明园相继歇业后，逸园取得了上海赛狗业的垄断地位。后该处改建为文化广场。

云裳舞厅

　　上海南京路云裳舞厅民国二十八年（1939）代价券壹角。

　　发行背景："近因辅币缺乏，本厅为便利找换计，暂印此代价券。凡积满此券拾张，即可兑现法币壹圆，券面均有签字及硬印，否则无效。本代价券限用期为三个月，自民国二十八年十二月一日起至民国二十九年二月二十八日止，过期作废。"

轿饭钱

上海民国时期轿饭钱铜元贰拾枚。

票面文字："轿饭钱"，"凭票即付"，"铜元贰拾枚"，"只认票不认人"，"念"。

该票是上海妓院发行的铜元票，也叫轿饭票。铜元在上海是通行辅币，各业发行的铜元票多以贰拾枚为主，称"念枚"。近代上海称上等妓院为书寓、长三堂子等。民国时期，在酒店、会馆、麻将厅等场所，妓女是不可少的角色。妓女出门要坐轿子，妓院支付的轿费多以铜元为主，以内部印发的局票为凭。初在局票上划两个圈，后有金属代用币支付轿钱，因而多家妓院开始纷纷效仿。但金属代用币制作代价高，且有人私藏，很快便不复周转。此后一些钱庄与烟兑庄（卖烟兼营钱币兑换）合作，发行纸质轿票，面值为"念枚"的铜元票。后来，妓女改坐汽车，但轿饭票继续使用，司机亦以轿饭票得钱；且轿饭票还可以在烟兑业内流通，扩大了流通领域，一时间发行量大增。

理发公司

上海南京理发公司民国时期代价券壹圆。

该券正面："上海南京理发公司"，"代价券"，"不得兑现，券面盖有本公司圆章，否则无效"，原文"男客理发一次""凭券可在本公司理发一次"等文字被划去，并加印"改作壹圆长期通用"。背面为英文："南京美容美发公司"，"盖章有效不兑现金"。

上海南京理发公司开设于1931年，老板为林唤亭，广东人，创办初期，林拿出万元购置先进理发设备，还以重金聘请手艺高超的理发师。该公司服务项目齐全，有钳子烫、电烫、水烫、染发、美容、修指甲、按摩、擦皮鞋等。

理发美容院

　　上海理发美容院民国时期代价券伍角。

　　理发美容院开办于上世纪40年代,该店开业后,十分重视吸收国际一流理发技艺,同时注意适合国情,主张创新为主,进口先进设备,开设男宾部、女宾部、化妆部、美容室、贵宾室、洗头间等。服务项目有男女理发、烫发、美容、面部护理、纹眉、化妆眼线、修指甲、染发、做假发、按摩等,生意十分红火。

金山浴室

　　鸿记金山浴室民国二十八年（1939）浴资代价券国币壹分。

　　该券正面："鸿记金山浴室"，"浴资代价券"，"国币壹分"，"卫生消毒第一"。背面："鸿记金山浴室"（英文），"壹分"（英文），"中华民国廿八年"。

　　浴室的服务项目众多，如扦脚、助浴、敲腿、捶背、推拿、按摩、洗衣烘干、理发修面等，根据顾客的需求，既可单项，也可全套，并配有各类服务人员随叫随到，从顾客进门开始，提供迎客、领座、叉衣、代管贵重物品等一系列服务。

扬子照相馆

　　江西省九江牯岭德记扬子照相馆民国十九年（1930）拾枚券。

　　民国十三年（1924），姚汉卿从汉阳举家迁移到了庐山，在牯岭街头开设扬子照相馆。到了30年代，庐山成了国民政府的夏都，扬子照相馆的生意盛极一时。赚了钱的姚汉卿在牯岭洋街的黄金地段买地建起了三层小楼，蒋介石在庐山时也光顾过扬子照相馆，并流传有不少趣闻轶事。

佣行找换证

广东笔山佣行民国时期找换证伍角。

该券正面："笔山佣行找换证"，"伍角"，加盖"笔山拥行"和"经理图章"。背面："笔山佣行找换证"，"保证暂作"，"看票兑换"。

该券是由佣行（也就是现在家政服务行业）发行的找换证（代价券），只能在本行业内流通兑换。

庆祝爆庄

湖南省浏阳金市庆祝爆庄民国二十年（1931）光洋壹圆。

该券正面："浏阳金市"，"庆祝爆庄"，"光洋壹圆"，"长沙永湘新街本庄照兑"，"民国贰拾年"。背面："庆祝爆庄"（拼音），"狮球商标"，"上海元丽印务局代印"。

浏阳自古就是花炮之乡，因为当地盛产硫、磷、硝等制火药的原料，所以爆庄在此是镇镇都有，村村皆是。

中国旅行社

　　江西省九江中国旅行社民国二十年（1931）浔牯旅行便利券当拾铜元拾枚。

　　该券正面："中国旅行社"，"浔牯旅行便利券"，"凭票即付当拾铜元"，"拾枚"，"浔牯"，"此券以便利浔牯旅客为宗旨，本社因鉴于旅客来往携带角洋及铜元深感不能随地通用之困难，即本地所有辅币券亦有易地不能通用之憾，故特发起此种便利券，备客向本社购买车船轿票、找零及其他一切之用。此券十足现金准备，存储九江上海银行，旅客可随时在九江本社兑现，或持向九江上海银行代兑。外省旅客持有此种旅行便利券者，并可在沪、汉、津、宁各地旅行社照兑"，"中华民国二十年印"，加盖"九江中国旅行社经理章"。背面为英文："中国旅行社"，"拾枚"，"浔牯"。

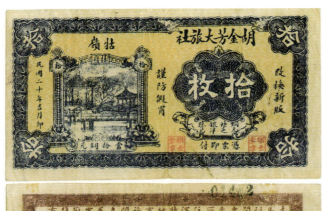

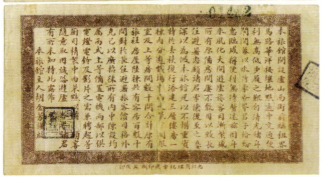

胡金芳大旅社

江西省牯岭胡金芳大旅社民国二十年（1931）拾枚券。

背面文字："本旅社开设于庐山西街，前临租界马路，华洋接壤，地点适中，交通便利，无高低步履之艰。自清光绪年间慕以求得，蒙各界君子纷纷惠临，咸称便利，无待赘述。兹因年来风化大开，游庐旅客日渐繁盛，所有原备房间屡不敷用，以致长住避暑惠顾诸君常怀后至之忧，深以为憾。本旅馆是以不惜重资，特於去秋复行添建三层楼房一栋，内分游戏场、中西大药房、阅报室及上等房间数十间，合计原有旅社房屋陆栋，共有客房百数十间。对于长住避暑旅客，价目格外克己，以广招徕。所有内中陈设，均属西式上等，备置电机两部，以供电灯、电铃及影片之需，并聘超等厨师，精制中西菜点，以备顾客随意取用。诚恐游庐各界诸君有所未知，特此露布。"

该旅社始建于1920年，是当年庐山档次最高、规模最大的宾馆，被看作是国民政府夏都的"国宾馆"。曾接待过众多贵宾，如蒋介石、林森、蒋经国、郭沫若、瞿秋白、胡适等。

南洋兄弟烟草股份有限公司

南洋兄弟烟草股份有限公司民国十二年（1923）赠券壹角。

该券正面："南洋兄弟烟草股份有限公司"，"赠券"，"此券可兑换赠品或换香烟，值洋壹角，不换银钱。凡各售烟处均可兑换"，"上海商务印书馆代印"。背面："赠券"，"民国十二年十月印行"。

1905年，简照南、简玉阶兄弟在香港创办广东南洋烟草公司，后改名为广东南洋兄弟烟草公司，为股份制性质。在辛亥革命后国内倡导国货的氛围下，该公司大力推广国货，产品畅销华南、南洋各地。第一次世界大战期间，公司业务迅速发展。1916年在上海设分厂，每年盈利达百万元。1918年改上海为总厂，香港为分厂，员工达万余名。从1927年开始，因中外卷烟业竞争加剧，民族资本得不到保护，公司连年亏损，在30年代还一度被官僚资本控制。抗战时期，上海总厂毁于日军炮火，业务中心转移至香港及重庆。

福华烟公司

安徽省涡阳福华烟公司民国时期赠券壹角伍分。

该券正面："涡阳福华烟公司赠券"，"凭券换烟"，"值洋壹角伍分"，"新亚橡皮印刷厂印"。背面："涡阳福华烟公司赠券"（英文），"本厂出品，福寿香烟，选择上叶，精工制造，品质优良，芬芳适口，价廉物美，欢迎赐顾，并附赠券，藉答雅意"，"不许流通，不兑法币"。

英记纸烟庄

山西省介休县英记纸烟庄民国二十二年（1933）贰角券。

该券正面："介休东大街"，"英记纸烟庄"，"每拾角兑银币壹元"，"中华民国二十二年印"，加盖"英记烟庄"印章。背面有"贰角"面值。

纸烟庄是经营、销售纸烟的商铺。除经营纸烟外，还经营烟丝、烟叶等品种。

义成祥泰记烟栈

上海义成祥泰记烟栈民国时期临时代价券壹分。

该券正面："上海"，"义成祥泰记烟栈"，"临时代价券"，"壹分"，"此券凭本号硬印为凭，积满拾分兑国币壹角"，加盖"义成祥章""佰子山"印章。背面："上海义成祥泰记烟栈临时代价券"（英文），"法租界恺自迩路七十六号"。

烟栈是采购、批发、销售烟草为一体的商铺，除和各大烟草公司保持联系外，下边还有一批零售商从此处进货，烟栈从中取利。

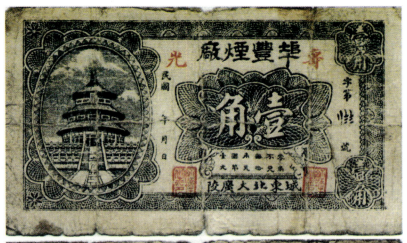

埠丰烟厂

　　山东省寿光埠丰烟厂民国时期壹角券。

　　该券正面："寿光","城东北大广陵","埠丰烟厂","壹角","零角不兑,每拾角兑国币壹元","民国　年　月　日"。背面："信实通商"。

　　烟厂是专门生产卷烟、烟丝等成品烟的工厂,上联种烟草的农户,下联售烟的批发商,是烟行业中最重要的环节。

十七、军警、民团

民国时期,军阀混战,各地军阀屯驻一方,以地域为限,发行地方纸币,以维持军政费用支出。作为保卫一方平安的地方武装力量,军警、民团或为过境军阀控制,或为抵御外来侵扰,发行流通本地的纸币,作为各项开支费用的来源。因此这类纸币在民国时期非常普遍,是地方票券中常见的一大种类。此类票券多出现在偏远地区,如四川、贵州、福建等省;或军阀争夺较激烈的中原地区,如山东、河北、河南等省。这类票券的名称有临时钱票、临时流通券、公益券、定期兑换券、善后借款券、粮秣兑换券、代币券、借券等。

与商号发行的纸币最大不同就是,军警、民团发行的纸币大多数不承诺兑现,却强制规定其具有与法币同等效力。如规定"在指定兑捐县境内得作为现金行使",并可"缴纳一切公款捐税之用",甚至"买卖交易,一律通用"。这些纸币,大都有一定期限,到期收回;或以捐税为抵押,通过征税收回。这实际是一种提前取支的借券,只是委以市面流通权而已。有的票规定"凭票购物流通无阻",就是凭票购买战略物资;"集成五元兑换法币",则是对兑换法币的限制,以此达到增发货币、筹措资金的目的。即使承诺以一年为兑现期限,且以实物担保,但发行者未受到有效监管,超额发行甚多,且难以收回,终致市面物价飞涨。

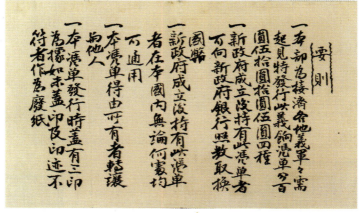

中华革命军

中华革命军黄帝纪元四千六百零九年（1911）义饷凭单五圆。

该券由孙中山领导的同盟会本部发行，发行要则："一、本部为接济各地义军军需起见，特发行此义饷凭单，分百圆、伍拾圆、拾圆、伍圆四种；二、新政府成立后持有此凭单者，可向新政府银行照数取换国币；三、新政府成立后持有此凭单者，在本国内无论何处均可通用；四、本凭单得由所有者转让与他人；五、本凭单发行时盖有三印为据，如未盖印及印迹不符者作为废纸。"

护国军

　　山东护国军民国五年（1916）军用手票壹角。

　　该票发行比较早，印刷亦简陋，既没有官章，又没有发行条例，也没有收兑时间，背面的图章仿日军的军用手票形式。孙中山看见如此简陋的军票，立即电告停止使用，因此该票流入市面极少，流通时间也极短，在各省护国军用钞票中，是唯一以"护国军"之名发行的军钞。此票将"国"字写为"圆"，这是民国初年"以民为国家之主"的写法。

靖国军

中华民国靖国军军用钞票壹圆。

发行条例:"一、此票系由征闽靖国军总指挥官核准发行,专以供给本军军需之用,无论行军、驻军、地方,概照毫银使用,不准留难折扣;二、此票票面分壹元、伍元、拾元三等,票面刊明何处发行,将来即在何处兑现;三、此票自发行之日起,从两个月后为兑现期,届时或由本军特设兑换处或指定银行、商号代理照市兑现;四、此票以本军军力所及地方所有钱粮、关税为保证,完纳该处之粮税官项均得通用无阻;五、此票为便利军民而设,由本军贮备现金慎重发行,不得视为军用债票及不兑换券,致滋误会;六、如有伪造及同谋使用者按律治罪。征闽靖国军总指挥官李烈钧。"

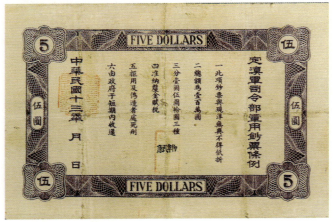

定滇军

  定滇军司令部民国十三年（1924）军用钞票大洋伍圆。

  发行条例："一、此钞票与现洋无异，不得低折；二、总额为壹百万圆；三、分壹圆、伍圆、拾圆三种；四、准完纳厘金赋税；五、拒用及伪造者处死刑；六、由政府于短期内收还。""每张伍圆，完纳钱粮及各项公款等一律通用"。该票由驻粤滇军司令范石生部入桂剿唐继尧时发行的军用票。

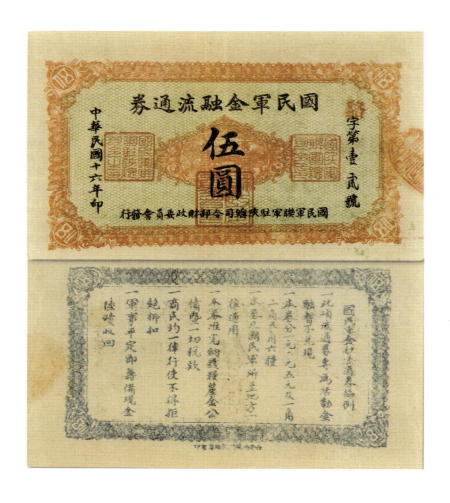

国民军

国民军民国十六年（1927）金融流通券伍圆。

该券由国民军联军驻陕总司令部财政委员会发行。发行条例："一、此项流通券专为活动金融，暂不兑现；二、本券分一元、二元、五元及一角、二角、五角六种；三、本券凡国民军所至地方一律通用；四、本券准完纳钱粮、厘金、公债暨一切税款；五、商民均一律行使，不得拒绝折扣；六、军事平定，即筹备现金陆续收回。"

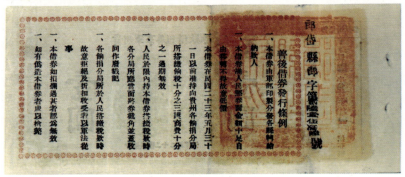

军事善后借款券

　　贵州省军事善后借款券民国二十二年（1933）壹圆券。

　　该券正面："贵州军事善后借款券"，加盖"国民革命军第二十五军军长印"和"二十五军军部之章"。

　　1929年4月，贵州军阀混战，驻黔第二十五军打败了滇黔联军后，毛光翔为贵州省政府主席兼第二十五军军长，王家烈为副军长。1932年，王家烈与毛光翔为争黔省军政地位而多次开战，贵州政局几次易主。1933年1月，王家烈攻占贵阳，再任第二十五军军长。此券应是王家烈任军长后在贵州发行的善后借款券。发行条例规定：借款券由军部印制分发各县转给纳款人；准人民照券面金额十足自由移转，不得故意低价；在1934年5月31日以前，准持向贵州各饷捐分局所搭缴饷税十分之三、护商费十分之一，过期无效；人民于限内持本借款券搭缴税款时，各分局所应当面将券截角并盖"收回作废"戳记；各饷捐分局所于人民搭缴税款时故意拒绝及折扣收受者，以军法从事。

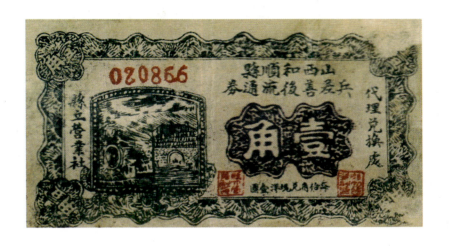

兵差善后流通券

山西和顺县民国二十一年（1932）兵差善后流通券壹角。

兵差是战争期间地方上为军队提供劳役、供给军需的服务人员。兵差古已有之，只要有战争，就得需粮草；需粮草就得有兵差，只是时代不同叫法不一。陈毅元帅说："淮海战役的胜利是人民群众用小车推出来的。"这足以说明兵差的重要性。

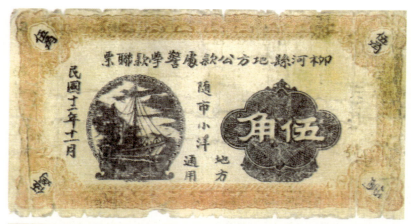

警学款联票

柳河县地方公款处民国十二年（1923）警学款联票伍角。

背面发行告示："案举本县发行亩捐联票流行以来信用未失，惟年久破烂不堪行使，经本县呈请省长拟发新票换回旧票等情，蒙政务厅□□允准在案，兹特另印一元、五角联票两种，专为换回旧票，并准纳地方捐款，仰阁属商民一体行使，此布。柳河县知事陈耀光。地方公款处主任柳振君。"

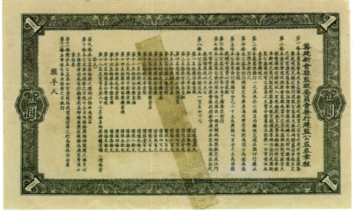

筹建监狱公益券

　　广东省新会县民国二十三年（1934）筹建监狱公益券壹圆。

　　该券正面："新会县"，"筹建监狱公益券"，"壹圆"，"筹建新会县监狱委员会主席黄槐（庭）"，"新会县商会主席陆焯南"，"江门市商会代表张伯和"，"中华民国式十三年二月发行"。票面中还印有监狱规划图，这在钱票中是很少见的。背面为"建监公益券章程"，共十二条。

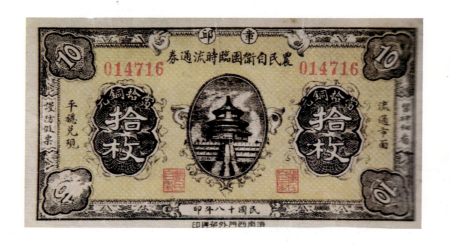

农民自卫团临时流通券

山东省章丘农民自卫团民国十八年（1929）临时流通券拾枚。

该券正面："留神细看谨防假票"，"流通市面平稳兑现"，"济南西门外郁兴印"。该临时流通券规约："宗旨：救济金融便利商民；数目：叁万张，合铜元六拾万枚；效用：按票面数目与现铜元一律行使；兑现：时局平靖即刻兑现；担保：由农民自卫团担保兑现责任。"

1928年日军制造济南惨案后，山东省政府南迁，土匪趁机攻入章丘，到处烧杀抢掠。这场浩劫历时半年，许多铺户关门，倒闭钱庄就有百余家，县城一片废墟。此时，章丘有识之士组织了农民自卫团，保护财产，重建家园。为生产自救起见，自卫团发行钱票，并担保兑现责任，试图恢复生产。

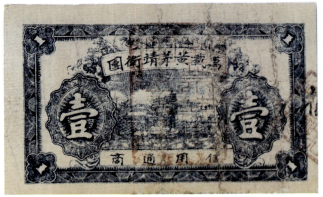

靖卫团

　　江西省黄茅靖卫团民国十八年（1929）壹圆券。

　　国民党政府"剿赤"时期，在江西等地推行保甲制度，令各县、镇建立地方武装，以协助配合军队作战。当时，各地主武装以"挨户团、还乡团、靖卫团"等名义，对共产党苏区进行军事抵御和经济封锁。其间，位于江西万载县西南，与湖南浏阳县接壤的黄茅乡亦有一支靖卫团，为筹集武装经费，曾于民国十八年（1929）初发行钞票，今见有壹圆券一种。民国十八年（1929）五月，中国工农红军湘鄂赣边境支队成立。为对付湖南国民党军和地主武装的军事进攻和经济封锁，黄公略率部采取"打圈子"战术，坚持展开游击战争，并向浏阳、万载、铜鼓三县边界地区发起进攻，黄茅靖卫团因兵力较弱，加之军事孤立而被击溃。此票目前仅见十余枚。

衣锦镇团务

四川省泸县衣锦镇团务民国十四年（1925）临时钱票壹千。

该券正面："泸县衣锦镇团务临时钱票"，"壹千"，"民国十四年二月泸县衣锦镇团局发行"。背面："存根：衣锦镇临时钱票壹钏，民国十四年二月发行"，"泸县衣锦镇临时钱票简章：一、此票系因金融奇窘，前经地方绅商议决，暂时发行壹万贰千串以支周转，现因前票损坏，另行印刷新票掉换原额，并呈准县署立案；二、此票定额每壹万贰千钏整，分壹钏、伍百文、贰百文三种，壹钏者六千张，伍百者八千张，贰百者壹万张；三、票上颜色各不相同，壹钏者衣字红面蓝底，伍百者锦字蓝面绿底，贰百者镇字黑面红底；四、此票概以本镇全局全年所入国款作抵准，定六个月后兑现，并陆续收回；五、此票由团局发行，并盖本局图记暨各办事人私章以昭郑重；六、此票无论上纳本局租稳捐、月捐，买卖交易，一律通行，不得歧视。七、此票发行后如有伪造者，得呈请县公署按律治罪。"

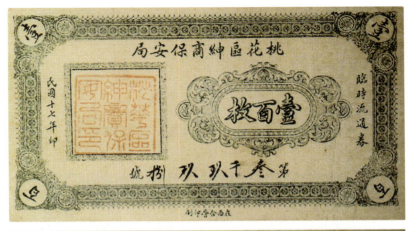

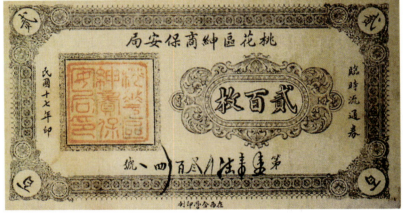

绅商保安局

　　河北省蔚县桃花区绅商保安局民国十七年（1928）临时流通券壹百枚。

　　票面文字："桃花区绅商保安局"，"临时流通券"，"壹百枚"，加盖"桃花区绅商保安局印"。另有蔚县桃花镇绅商保安局临时流通券贰百枚，除面值、编号不不外，其余皆同。

　　绅商是民国时期由官僚、士绅、商人因共同利益而组成的一个独立社会群体或阶层。保安局是民国初年各县设民团、保卫团等的组织之一，名义上是团练机关，实际上并无团练，而是传达官厅命令、维护地方治安的机构。

十八、宗教、帮会、慈善

　　民国时期,宗教团体、慈善机构也发行银钱票,以增加收入,或作为放贷的手段。

　　所发行的钱票,名称有储蓄券、流通券、公债券等,实质上是一种无利息的借款券,且无担保物,无兑现收回期限。如长沙湖南孤儿院储蓄证、北京香山慈幼院儿童储蓄银行流通券,虽是储蓄证,却无利息规定,且"积拾角照市价付铜元",这就是一种渔利的方法;献县天主堂印书馆发行的纸币,是"维持工薪临时兑换券",抵作工资之用;台中同学会筹建会所公债券,虽明确是一种公债券,但无付息等相关保证,也是一种变相纸币。有的寺庙,如"下界头财神殿"也发行铜元票,在香客买香火时作为找零之用,香客又会通过其他形式把铜元票转回到寺庙中,从而扩大了寺庙的资金周转,亦可使寺庙人气更盛。

　　帮会发行的钱票也很多,如清代的天地会、哥老会、内地会、保皇总会等,他们发票子就是为帮会筹集资金以利发展。有的帮会如聚义堂打着"替天行道"的幌子,发行没有面值的钱票,根据办事大小,随时填写面值。这是一种典型的帮会票。

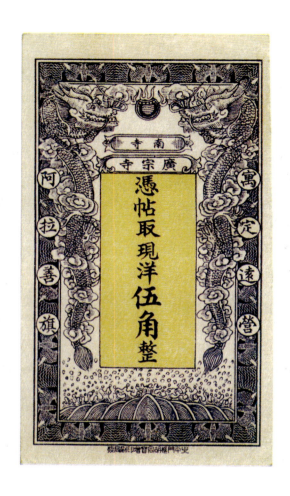

广宗寺

内蒙古阿拉善旗南寺广宗寺民国时期银角票伍角。

票面文字："南寺"，"广宗寺"，"凭帖取现洋伍角整"，"北平门框胡同宝增印刷局制"。

据推测，此券可能印制于1928—1935年间。因为南寺常年有庙会，印券用于佛事活动。广宗寺也叫南寺，位于内蒙古阿拉善盟阿拉善左旗境内，原是阿拉善盟中规模最大的寺庙，始建于乾隆二十二年（1757）。它依山而建，高低错落，四面环山，松柏长青，风景优美，是著名的旅游胜地。

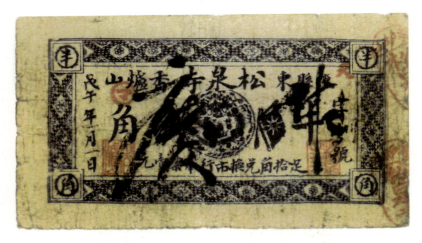

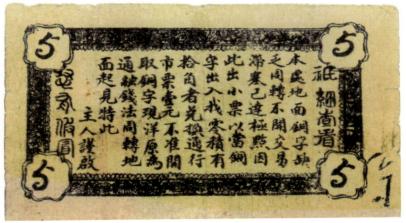

松泉寺

辽宁省复县香炉山松泉寺民国戊午年（1918）半角券。

此票背面有主人谨启："本处地面铜字（铜钱）缺乏周转不开，交易滞塞已达极点，因此出小票以当铜字出入找零。积有拾角者兑换通行市票壹元，不准开取铜字现洋。原为通融钱法周转地面起见，特此"。"衹（仔）细查看，恐有假冒"。

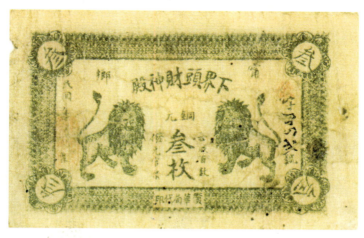

财神殿

　　湖南省宁乡县下界头村财神殿民国时期铜元叁枚。

　　该券正面:"宁乡","下界头财神殿","铜元叁枚","合成百数拨兑官票","宝华局代印"。背面英文:"叁拾文",指叁拾枚拾文铜元。

　　财神殿指供奉财神赵公明的庙宇,一般每年都有一次庙会,并请大戏班下乡公演,历时十天或半月不等。此时远近几十里内的乡民来赶街看戏,成交买卖。发行铜元票,一为找零方便,二可代铜元流通市面,加速资金周转,促进商业繁荣。

南海观音

上海南海观音弟子禅才壹圆券。

该券注:"疗病作用,概不兑现","此券别处无用"。

观音又称"观世音、观自在、光世音",尊号为"大慈大悲救苦救难观世音菩萨"。观世音是西方极乐世界教主阿弥陀佛座下的上首菩萨,与阿弥陀佛、大势至菩萨一起,组成"西方三圣"。在佛教的众多菩萨中,观世音最为民间所熟知和信仰。千百年来,观音信念遍布亚州国家,甚至西方世界,其中中国、印度最为普遍。佛教认为,任何一个人在危难无助的时候,只要至诚称念观世音,就能得到神通法力的救助,使其脱离世间苦厄,满足生命愿望,并引导开悟之路。

天主堂

　　河北省献县天主堂印书馆民国二十七年（1938）维持工薪临时兑换券贰圆。

　　天主堂献县张庄总堂是天主教直隶东南教区的首府，占地400余亩，建于1861年，至今已有150多年的历史。总堂设于献县张庄，下辖广平、河间、大名三府和深、冀二州。教会为进一步扩大传教范围，设立许多附属机构，如仁慈堂耶稣会初学院、孤儿学校、仁惠女学、慕华中学、若瑟医院、气象台、印书馆等，还有制药厂、木器厂、白铁厂、发电房、酿酒厂、绣花房、洗衣房等，在天津还设立北疆博物院，总计有房屋1300余间，驻堂人员达1200多人，并在天津、上海等各大商业贸易口岸通汇银钱，进行工业投资。

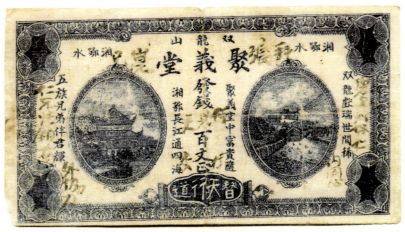

聚义堂

　　双龙山聚义堂民国七年（1918）钱票百文。

　　该票正面："双龙山"，"聚义堂"，"发钱百文整"，"湘鄂水"，"双龙献瑞世间稀，聚义堂中富贵随。湘鄂长江通四海，五族兄弟伴君辉"，"替天行道"。背面为英文："裕湘银行"，"长沙"，"聚义堂"，"见票即付"，"发钱百文"，"1918 年 6 月"。

　　该票是帮会发行的一种摊派纸币，纸币的面值多是空白的，谁出多少钱就添多少面值，根据钱出多少可办大小事情。这是一种典型的帮会票。

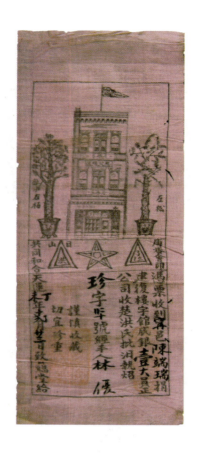

致公总堂

致公总堂天运丁未年（1907）底银壹大员（圆）。

致公总堂是清代会党天地会洪门的一个海外分支机构。清咸丰、同治年间成立，总部设于旧金山，纽约、芝加哥等地设有分堂，以"反清复明"为宗旨。1904年孙中山在旧金山总部为致公总堂修订新章，共八十条，主要内容为四点：一、本堂名曰致公堂，总部旧金山，支堂设各埠，有名目不同者，今概改退，以昭划一；二、本堂以"驱除鞑虏、恢复中华、创立民国、平均地权"为宗旨，本堂以协力助成祖国同志施行宗旨为目的；三、凡国人所立会党，其宗旨与本堂相同者，本堂认作益友，互相提携，其宗旨相反者，视为公敌；四、凡各埠堂友，须经一律注册报名于大埠总堂，方能享受总堂一切权力。

钟灵堂

钟灵堂无年份银伍两。

钟灵堂是清代天地会组织，有人认为是哥老会组织。

该票布质，木版印制，票框上为四爪盘龙，盖有和合二仙印章，票四周为回旋七言诗一首："龙盘回水气昂昂，钟灵灵光光万方。一到风云聚会日，三江五湖四海王。"该诗还有不同顺序的多种读法。

保皇总会

中国保皇总会光绪三十二年（1906）伍大员（圆）。

此为"戊戌变法"失败后，流亡海外的康有为等人组建之保皇会所发行的银票。发行于光绪三十二年九月二十三日。主图凤在上，龙在下，乌云满天，寓意慈禧当政，光绪被黜，国家危难。下方雄狮，跃跃欲试，要跳出困境，寓意保皇会的奋斗目标。该票是旅居美国波特兰、新宁县华侨梁长瑞认购的五元收据。

内地会

　　中国内地会光绪三十年（1904）壹圆券。

　　内地会是基督教在华的宣教机构，1865 年由戴德生牧师在宁波创办。1888 年 10 月 30 日第一批内地会美国传教士抵达上海。1890 年戴德生在上海虹口区吴淞路兴建内地会总部大楼，供传教士办公和居住，经费由荣晃熙捐献。1950 年内地会撤出中国，改称海外基督使团。他们发行的纸币，只能在内地会的会员中通用，否则须由会员签字及附条注明号码，方可使用。

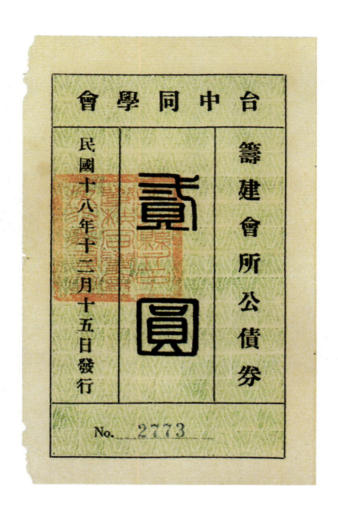

同学会

　　台中同学会民国十八年（1929）筹建会所公债券贰圆。

　　券面文字："台中同学会"，"筹建会所公债券"，"贰圆"，"民国十八年十二月十五日发行"。该公债券未说明偿付债息的方式。

　　同学会就是同一学校历届毕业学生组成的学生联谊会，定期或不定期组织各种活动，如集会、旅游、做慈善、捐款等。

孤儿院

　　湖南省长沙湖南孤儿院丁卯年（1927）储蓄证贰角。

　　该券正面："湖南孤儿院储蓄证"，"寄存大洋贰角"，"随时支付"。背面："此券专供本院收储零款之用，并可随时缴纳本院慈捐、挨户捐、西药租金、工场出品及负贩货价。如有伪证，依伪造有价证券律请官究办。""合成拾角支付大洋壹圆，未满拾角照市折付铜元"，"长沙湘鄂印刷公司代印"。

慈幼院

　　北京香山慈幼院儿童储蓄银行民国十二年（1923）流通券壹分。

　　1917年直隶、京兆发生大水灾，百余县、万余村庄被淹，受灾群众630万人。奉命督办水灾善后事宜的熊希龄，于北京香山静宜园筹建慈幼院，收容受灾儿童。起初收容受灾儿童千余名，后陆续由父母认领，但仍有200余儿童无家可归。1920年香山慈幼院建成，熊任院长。内设儿童储蓄银行，教育儿童勤俭节约，并发行内部流通券。

　　熊希龄，湖南凤凰人，清光绪进士，1913年任国务总理兼财政部长，1917年任段祺瑞内阁行政院院长，1920年任香山兹幼院院长，1928年后任民国党政府账务委员会员、中华教育改进社董事长、世界红十字会中华总会会长。